Thomas Meurer

Einführung in die Methoden alttestamentlicher Exegese

Münsteraner Einführungen

– Theologische Arbeitsbücher –

Band 3

LIT

Thomas Meurer

Einführung in die Methoden alttestamentlicher Exegese

LIT

Die Deutsche Bibliothek – CIP-Einheitsaufnahme

Meurer, Thomas
Einführung in die Methoden alttestamentlicher Exegese / Thomas Meurer. –
Münster : Lit, 1999
(Münsteraner Einführungen: Theologische Arbeitsbücher ; 3.)
ISBN 3-8258-4408-0

NE: GT

Grevener Str. 179 48159 Münster Tel. 0251–23 50 91 Fax 0251–23 19 72

Ich muß die Wirklichkeit einer *Sache*
so lange bewohnen,
bis ich meine und deine Geschichte in ihr finde.

Ich muß *meine* Geschichte
so lange bewohnen,
bis ich darin deine Geschichte und die der Sache finde.

Ich muß *deine* Geschichte
so lange bewohnen,
bis ich darin meine Geschichte und die der Sache finde.

Klaus Hemmerle

Verstehen wollen heißt,
daß wir etwas zurückzuerobern versuchen,
was wir verloren haben.

Peter Hoeg

Vorwort

Diese kleine Handreichung zu den Methoden alttestamentlicher Exegese will nicht in Konkurrenz zu den zahlreichen einführenden Handbüchern exegetischer Methoden treten. Sie ist vielmehr entstanden aus dem Anliegen und der Notwendigkeit, in möglichst komprimierter Form eine Arbeitshilfe für Theologiestudierende bereitzustellen, die sich so schnell wie möglich und so fundiert wie nötig einen Überblick über das Methodeninstrumentarium verschaffen wollen, mit dem ein Zugang zu alttestamentlichen Texten möglich wird. Dabei ist hier das Schwergewicht vor allem auf die Erschließung von Erzähltexten gelegt, die einzelnen Methodenschritte lassen sich jedoch problemlos auf nicht-erzählende Texte des Alten Testaments übertragen.

Selbst eine solch kleine Handreichung kann nicht ohne Unterstützung entstehen. Da sind zunächst die Studierenden der Proseminare seit dem SS 1997 zu nennen, die mit ihren kritischen Rückfragen und konstruktiven Diskussionsbeiträgen zu den in kopierter Form weitergegebenen Vorstufen dieser Arbeitshilfe ihren Entstehungsprozeß begleitet und vorangetrieben haben; ihnen habe ich herzlich zu danken. Danksagen möchte ich sodann vor allem den Mitarbeitern am Lehrstuhl für Exegese des Alten Testaments, ohne deren Hilfe die Druckvorlage nicht pünktlich hätte abgegeben werden können. Namentlich habe ich hier Claudia Hohenkirch, Caroline Timpe und Dominik Douteil für ihre kritischen Korrekturen am Manuskript und ihre Unterstützung bei der Erstellung der Druckvorlage zu danken. Die Sekretärin des Lehrstuhls, Frau Elfriede Brüning, war freundlicherweise jederzeit bereit, uns dabei von ihrer langjährigen Erfahrung profitieren zu lassen.

Ein besonderer Dank gebührt Frau Barbara Waschk (Herten), die mit ihren Illustrationen versucht, das manchmal bittere Brot der Arbeitsaufgaben etwas zu versüßen.

Zu guter Letzt möchte ich mich auch bei all denen bedanken, die nicht müde geworden sind, mich zu drängen, die zunächst nur für die Seminarteilnehmer gedachten Arbeitsblätter in dieser Form einem breiteren Interesse zugänglich zu machen. Auch Herr Dr. Reinhard vom LIT–Verlag darf in diesem Zusammenhang nicht unerwähnt bleiben, der freundlicherweise bereit war, das Manuskript in die Reihe der Münsteraner Einführungen aufzunehmen.

Rimberg, 15. August 1999 Thomas Meurer

Inhaltsverzeichnis

1 Die komplizierte Begegnung zwischen Text und Leser

1.1 Was geschieht, wenn wir lesen?

1.1.1 Lesen – Die Entdeckung einer anderen Welt

„Was geschieht, wenn wir lesen? Das Auge folgt schwarzen Buchstaben auf weißem Papier von links nach rechts, wieder und wieder. Und Geschöpfe, Natur oder Gedanken, die ein anderer gedacht hat, kürzlich oder vor tausend Jahren, steigen in unserer Einbildung auf. Das ist ein Wunder, größer als das Keimen der Samenkörner aus den Gräbern der Pharaonen. Und es geschieht jeden Augenblick“ (Olof Lagercrantz, Die Kunst des Lesens und des Schreibens, Frankfurt a.M. 1988, S. 9).

So einfach und wunderbar zugleich das Geschehen, das wir „lesen“ nennen, hier auch charakterisiert sein mag, es stellt sich bei näherem Hinsehen doch als ein weitaus komplexerer, schwierig zu beschreibender Vorgang dar. Schon die Etymologie des deutschen Wortes „lesen“ deutet – da sich das althochdeutsche Wort *lesan* mit „aufsammeln“ und „auflesen“ wiedergeben läßt – darauf hin, daß „lesen“ ein äußerst mühsames und vielschichtiges Unterfangen ist, das nicht einfach als ein bloßes „Einlesen“ von Informationen verstanden werden kann.

Wer sich als Leser (und im folgenden sind die Leserinnen natürlich immer mit angesprochen) versteht, weiß um das nachgerade „magische“ Ereignis des Lesens. „Lesen ist für mich“, schreibt der Erzähler Peter Bichsel, „sozusagen immer und unabhängig vom Inhalt der Eintritt in eine Gegenwelt – selbst bei realistischer oder gar naturalistischer oder sozialkritischer Literatur, unter Umständen auch bei einem politischen Kommentar zum gegenwärtigen Stand der Dinge. Mich selbst oder meine Lage darin zu erkennen, das ist – wenn schon – eine nachträgliche Sache. Im Augenblick des Lesens ist es immer »das Andere«, das mein Verhalten bestimmt“ (Peter Bichsel, Der Leser. Das Erzählen, Frankfurt a.M. 1997, S. 33). Und Herbert Heckmann fragt in ähnlicher Weise: „[…] ist nicht das Lesen die Kunst, durch gedruckte Schlüssellöcher in eine andere Welt zu schauen?“ (Herbert Heckmann, Die Trauer meines Großvaters, Frankfurt a.M. 1994, S. 293)

1.1.2 Die Gefahr vermeintlichen Verstehens

Nicht immer sucht ein Leser aber „das Andere“ in einem Stück Literatur. Allzuoft glaubt er, darin sich selbst zu entdecken, mit dem Text wie mit etwas Altvertrautem umgehen zu können. Freilich kann eine solche Wirkweise immer auch zu einer kunstvollen Erzählung dazugehören. „Ein gutes Buch“, schreibt Olof Lagercrantz, „gibt dem Leser das Gefühl, daß es unsere eigene Erfahrung ist, von der wir lesen“ (Die Kunst des Lesens und des Schreibens, Frankfurt a.M. 1988, S. 13). Dennoch bleibt die Gefahr bestehen, ein Stück Literatur vorschnell mit eigenen Erwartungen, Bewertungen, Deutungen und Fragen zu überlagern, die es letztlich unmöglich machen, den Text an sich überhaupt noch wahrzunehmen. Was ein Leser dann an einem ihm vorliegenden literarischen Werk zu verstehen *meint*, wird mithin oft nichts anderes sein, als das, was er selber auf den Text über- und in den Text hineinträgt.

1.2. Biblische Texte lesen – ein riskantes Unternehmen

1.2.1 Steht in der Bibel, ist doch klar …

Biblische Texte geraten besonders leicht in die Gefahr, vermeintlich verstanden zu werden, ohne wirklich erschlossen worden zu sein. Das liegt sicherlich zunächst daran, daß diese Texte in einem Buch versammelt sind, dessen Charakter und Intention ich ganz sicher zu kennen glaube: der Bibel. Weil der mir vorliegende Text ein biblischer Text ist, bin ich schon im Vorhinein überzeugt, dieser Text müsse unbedingt von Gott oder zumindest doch von einem religiösen Thema handeln und eine bestimmte (moralische) Position vertreten. Das bedeutet andererseits aber auch: ein biblischer Text vermag mich überhaupt nicht mehr zu verblüffen, weil ich in ihm ohnehin nur bestätigt finde, was ich als den theologischen Anspruch dieses Textes schon im Kopf habe, noch bevor ich ihn gelesen habe.

Nicht umsonst wurde und wird in den übrigen theologischen Disziplinen wie auch in der Verkündigung vielfach in der Bibel der Belegtext zu einer zuvor gefertigten These oder pastoralen bzw. spirituellen Pointe gesucht – weniger diese nach und an der Auseinandersetzung mit dem Text bzw. den Texten formuliert. Der Schweizer Literaturwissenschaftler Peter von Matt drückt diesen Sachverhalt so aus:

„Es ist nicht ‚die Bibel', was über Jahrhunderte hin die europäische Kultur geprägt und mit Bildern von Glanz und Grauen durchsetzt hat, sondern es sind jene Teile und Elemente der Bibel, die von lehrenden und predigenden Instanzen ausgewählt und zu einem anderen Ganzen neu arrangiert wurden. [...] Diese Auslegearbeit am Wort Gottes ist ein Vorgang von eminenter kultur- und sozialgeschichtlicher Bedeutung. Sie beweist, daß die abendländische Welt weit weniger ihre Normen aus der Bibel bezog als, umgekehrt, ihre Normen mit den geeigneten Texten der Bibel verdeutlichte, untermauerte und autoritativ auflud" (Peter von Matt, Verkommene Söhne, mißratene Töchter. Familiendesaster in der Literatur, München/Wien 1995, S. 24).

1.2.2 Der Mythos vom schwierigen und unüberschaubaren Buch

Gerade in der heutigen Zeit aber ist auch noch eine andere Form der Voreingenommenheit dem Alten Testament gegenüber anzutreffen: die Voreingenommenheit, daß der Leser es im Alten Testament mit einem – gerade im Gegensatz zum Neuen Testament – völlig unüberschaubaren, ungeordneten und insofern auch nicht verstehbaren Literaturdenkmal zu tun hat, das sich zu allem Überfluß durch die klassische exegetische Forschung eher noch diffuser als erhellter präsentiert. Hinter dem Ausruf Rudolf Augsteins

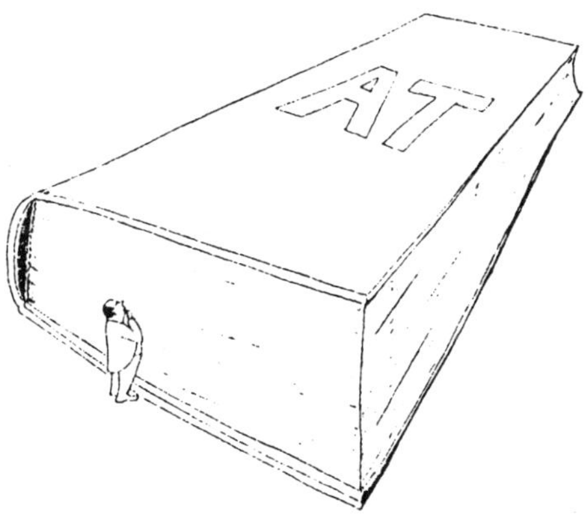

„Unendlich die Zahl der Bilder und Geschichten [...]. Kein Erzählwerk der Welt enthält solch eine Fülle von Motiven, Situationen, Charakteren [...] und existentiellen Entscheidungen. [...] Das menschlichste, das vielfältigste, das wichtigste, das tiefste und höchste Erzählwerk der Welt ist die alt-neue Bibel noch immer" (Rudolf Augstein, Die Bibel, in: Fritz J. Raddatz, ZEIT-Bibliothek der 100 Bücher, Frankfurt a.M., 7.Aufl. 1990, Ss. 16-19, hier S. 18)

verbirgt sich – bei aller Würdigung der literarischen Güte der Bibel – doch immer auch die Angst vor ihrer prinzipiellen Unfaßbarkeit und Unverstehbarkeit. Das ist eines von vielen Klischees und negativen Vorurteilen, die der Beschäftigung mit dem Alten Testament entgegenstehen. Vielleicht ist aber Dietrich Schwanitz Recht zu geben, der konstatiert:

„Das Problem mit negativen Vorurteilen ist ja nicht, daß man sie nicht wiederlegen kann, sondern daß sie die eingehendere Beschäftigung mit einer Sache verhindern, weil sie glauben machen, daß es sich nicht lohnt, und sich darüber selbst bestätigen. Ließen sie die Beschäftigung zu, so würden sie sich von selbst auflösen. Deshalb muß man sich bei dem Einstieg in eine neue Sache vorweg entschließen, die eigenen Vorurteile zu ignorieren [...]" (Dietrich Schwanitz, Systemtheorie und Literatur. Ein neues Paradigma, Opladen 1990, S.15).

Das freilich fordert dem Leser ein enormes Maß an Bereitschaft ab, sich auf den Text – und seine bisweilen enorme Sperrigkeit – einzulassen, sich und seine vielfältigen Vorurteile durch die Lektüre verändern zu lassen und den vielfältigen modernen Mythen über dieses alte Buch nicht zu folgen.

Ich muß sagen, als ich den Anfang dieses Manuskripts und die ersten hundert Seiten las, war ich begeistert. Alles Action, prallvoll mit allem, was die Leser heute von einem richtigen Schmöker erwarten: Sex (jede Menge), Ehebrüche, Sodomie, Mord und Totschlag, Inzest, Kriege, Massaker usw.
Die Episode in Sodom und Gomorra mit den Schwulen, die die zwei Engel vernaschen wollen, könnte von Rabelais sein; die Geschichten von Noah sind reinster Karl May, die Flucht aus Ägypten schreit geradezu nach Verfilmung [...]. Kurz, ein echter Reißer, gut konstruiert, mit effektsicheren Theatercoups, voller Fantasy, dazu genau die richtige Prise Messianismus, ohne die Sache ins Tragische kippen zu lassen.
Beim Weiterlesen habe ich dann gemerkt, daß es sich um eine Anthologie diverser Autoren handelt, eine Zusammenstellung sehr heterogener Texte mit vielen, zu vielen poetischen Stellen, von denen manche auch ganz schön fade und larmoyant sind, echte Jeremiaden ohne Sinn und Verstand.
Was dabei herauskommt, ist ein monströses Sammelsurium, ein Buch, das alle bedienen will und daher am Ende keinem gefällt. Außerdem wäre es eine Heidenarbeit, die Rechte von all den Autoren einzuholen, es sei denn, der Herausgeber stünde dafür gerade. Aber dieser Herausgeber wird leider nirgends genannt, nicht mal im Register, als ob es irgendwie Hemmungen gäbe, seinen Namen zu nennen.
Ich würde vorschlagen, zu verhandeln, um zu sehen, ob man nicht die ersten fünf Bücher allein herausbringen kann. Das wäre ein sicherer Erfolg. Mit einem Titel wie ‚Die verlorene Schar vom Roten Meer' oder so.

Umberto Eco, ...müssen wir mit Bedauern ablehnen (Lektoratsgutachten), in: Ders.: Platon im Striptease-Lokal. Parodien und Travestien, München/Wien 1990, S.13f

1.2.3 Die Eigenarbeit des Lesers

Es kommt also entscheidend auf die Eigenarbeit des Lesers mit diesem als „schwierig" gescholtenen Alten Testament an. Dabei wäre die Meinung illusorisch, es gäbe so etwas wie ein „objektives" Verstehen. Der Leser bringt sich zwangsläufig selber in den Vorgang der Interpretation und des Verstehens mit ein. Das ist die jüngere Semiotik nicht müde geworden zu betonen (vgl. nicht nur, aber doch vor allen: Umberto Eco, Die Grenzen der Interpretation, München 1995 und Ders., Lector in Fabula. Die Mitarbeit der Interpretation in erzählenden Texten, München, 2.Aufl. 1994). Mehr noch: Der Leser sind ebenso kreativ wie der Schriftsteller. Beide gehen im Prozeß des Lesens eine enge Zusammenarbeit ein. Die Leser werden nachgerade zu „Mitschöpfern" der Erzählung. Olof Lagercrantz nimmt in diesem Zusammenhang ein Wort des polnisch-englischen Dichters Joseph Conrad auf („[...] man schreibt nur das halbe Buch, die andere Hälfte muß der Leser übernehmen") und fährt fort: „Wenn also fünfzig Prozent eines Buchs vom Leser geschrieben sind, folgt daraus, daß das Buch um so besser wird, je begabter dieser Leser ist und je mehr Liebe er auf die Lektüre verwendet" (Die Kunst des Lesens und des Schreibens, Frankfurt a.M. 1988, S.10). Eine der Grundfragen ist also auch: Wie kreativ, wie phanatsiebegabt, wie intuitiv geht die Leserin, der Leser mit einem biblischen Text um? Auch das wissenschaftliche Lesen eines Textes bedarf ganz maßgeblich der Intuition des Lesers. Wäre dem nicht so, gäbe es wohl kaum bahnbrechende Neuansätze in der Forschung.

1.3. Exegese – Lesen, wissenschaftliches Lesen und nachvollziehba res Begründen

1.3.1 Ein unabgeschlossenes, mehrdimensionales Gespräch

Spätestens an dieser Stelle nun kommt die Exegese als Wissenschaft von der Auslegung biblischer Texte ins Spiel. Sie ist nämlich nicht dazu da, aus irgendeinem Elfenbeinturm heraus verlauten zu lassen, wie dieser oder jener biblische Text gefälligst zu verstehen sei; ihre Aufgabe ist es vielmehr, den Prozeß zwischen Text und Leser sowohl zu analysieren als auch beständig neu anzustoßen und Leser immer begabter zu machen, damit diese wiederum um so größere Liebe auf die Lektüre biblischer Texte verwenden, deren Auslegung und Interpretation im Prinzip ein unendlicher und unabgeschlossener Vorgang ist.

Wer einen biblischen Text zu exegieren versucht, leistet mehr, als ihn durch ein vorgegebenes Methodeninstrumentarium laufen zu lassen wie das Fleisch durch den Fleischwolf. Paul Deselaers mahnt nicht umsonst:

„Wer sich an die Heilige Schrift heranwagt, läßt sich vielmehr in einen mehrdimensionalen Dialog ein. In ihm gibt es keine einfache Übernahme von Resulaten, bei der der lebendige Mensch aus dem Spiel bleiben könnte, auch keine rasch zu lernenden und leicht zu handhabenden Praktiken, die die lebendige Beteiligung außen vor lassen könnten. Dieser Dialog gewinnt an Tiefe, wo es möglich wird, die Profile der unterschiedlichen Stimmen in der Bibel wahrzunehmen" (Biblisch predigen – ein Risiko, in: Bibel und Liturgie 68 [1995] Ss. 204-208 [S. 205]).

Auch die Methoden sind also letztlich nur Hilfsmittel, die jeder Leser in individueller Weise einsetzen muß und in seiner Begegnung mit dem Text anwenden kann.

1.3.2 Grenzen der Methoden, Grenzen der Interpretation

Der Dresdener Romanist Victor Klemperer notiert am 23. Dezember 1933 in sein Tagebuch:

„Mittags ein Weihnachtsbesuch der jungen Köhlers. Die sind treu und erbittert. Er erzählt aus dem Mädchengymnasium. Ein Mädchen fragt ihn nach der Religionsstunde: wie sich Judenhaß mit dem Evangelium vertrage. Er, nach langem Zögern: Aus dem Evangelium könne man jede Richtung herauslesen" (Victor Klemperer, Ich will Zeugnis ablegen bis zum letzten. Tagebücher 1933-1941, Berlin 1995, Bd.1, S. 74f).

Ein solcher Satz wiegt schwer und will wohl bedacht sein. Kann man aus den Texten der Bibel, aus einem Text überhaupt wirklich jede Richtung herauslesen? Kennt die Auslegung – da sie doch prinzipiell unabgeschlossen ist – wirklich keine Grenzen?

Umberto Eco sieht die Grenzen der Textauslegung mit dem Text selber gegeben, denn „zu sagen, daß ein Text potentiell unendlich sei, bedeutet nicht, daß *jeder* Interpretationsakt gerechtfertigt ist" (Die Grenzen der Interpretation, München 1995, S. 22). Das Verhältnis zwischen Text und Leser charakterisiert Eco deshalb folgendermaßen:

„Die Initiative des Lesers besteht im Aufstellen einer Vermutung über die *intentio operis*. Diese Vermutung muß vom Komplex des Textes als einem organischen Ganzen bestätigt werden. Das heißt nicht, daß man zu einem Text nur eine einzige Vermutung aufstellen kann. Im Prinzip gibt es unendlich viele. Zuletzt aber müssen diese Vermutungen sich an der Kongruenz des Textes bewähren, und die Textkongruenz wird zwangsläufig bestimmte voreilige Vermutungen als falsch verwerfen" (Die Grenzen der Interpretation, München 1995, S. 49).

Für das Geschäft der Exegeten bedeutet das: die über die Intention eines Textes angestellten Vermutungen sind anhand begründeter Beobachtungen an Aufbau und literarischer Gestalt eines Textes kritisch zu prüfen und zu verifizieren bzw. zu falsifizieren. Zugleich drückt sich darin aber auch aus, daß ich als Leser zu dem Text in eine Distanz trete, mich – im wörtlichen Sinne – mit ihm auseinandersetze. Dabei beschäftigt mich nicht mehr allein, daß die Erzählung spannend, die Sprach- und Metaphernsuche gelungen, der Inhalt bedeutsam und der Erzählaufbau planvoll ist, sondern vielmehr, *was* sie spannend, *was* ihre Sprach- und Metaphernsuche gelungen, *was* ihren Inhalt bedeutsam und *was* ihren Erzählaufbau planvoll erscheinen läßt.

Hermann Burger, der Schweizer Literaturwissenschaftler und Schriftsteller, faßt in seiner Frankfurter Poetik-Vorlesung den Urspung seines Schreibens nicht umsonst wie folgt zusammen:

„Man lernt als Leser, als Beobachter fremder Techniken [...]. So war meine Frage an die Lektüre im Studium eine ganz andere. Nicht ob Form und Inhalt zur Deckung kommen, interessierte mich primär, sondern: wie macht er das? Wie bringt es Frisch fertig, die für Schweizerische Verhältnisse große Stadt Zürich im *Stiller* als elendes Provinzstädtchen erscheinen zu lassen? Mit pejorativen Diminutiven wie ‚Flüßchen' für die recht ansehnliche Limmat. Nicht was soll es bedeuten, war die Frage, sondern wie ist es konstruiert." (Hermann Burger, Die allmähliche Verfertigung der Idee beim Schreiben. Frankfurter Poetik-Vorlesung, Frankfurt a.M. 1986, Ss. 15f).

Ähnlich der Analyse eines Films verlasse ich die Ebene unmittelbaren, assoziativen Angesprochenseins und betrachte statt dessen das „Making of" des Films – ohne mich dabei der Möglichkeit zu begeben, mehr von diesem Film zu verstehen, weil ich tiefere inter- und intratextuelle Zusammenhänge erkenne.

1.3.3 Versteht man auch, was ich da schrieb? – Kriterium: Nachvollziehbarkeit

Da es sich bei der Exegese um eine wissenschaftliche Methode der Texterschließung handelt, muß diese darum bemüht sein, ihre Beobachtungen und Argumente transparent, d.h. für andere Leser nachvollziehbar zu machen.

Damit ist zugleich gesagt: Das mit Hilfe der Exegese erschlossene Wissen über einen Text ist kein Geheimwissen einiger „Eingeweihter" oder weniger begnadeter Auslegerinnen und Ausleger des biblischen Textes. Das Erlernen der Methoden der alt- und neutestamentlichen Exegese befähigt jeden Leser dazu, Beobachtungen an einem vorliegenden Text zu machen, die dazu dienen, ihre vorgängigen Vermutungen bzw. die vorgängigen Vermutungen anderer kritisch zu reflektieren.

Dabei darf das Moment der Intuition, die sich nicht zwingend auf die Anwendung eines vorgegebenen Methodenkatalogs berufen kann, nicht unterschätzt werden. Nicht jeder, der die Methoden beherrscht, liefert damit automatisch auch schon eine glänzende Textauslegung. Gerade Arbeiten und Hinweise aus nichtexegtischen Bereichen können manches Mal Aspekte des Textes eröffnen, die der „Schulexegese" bislang verschlossen geblieben sind.

2 Methoden wissenschaftlicher Schriftauslegung

2.1 Der eine Text und die vielen Methoden

2.1.1 Das Selbstverständnis des Methodeninstrumentariums

Die im folgenden skizzierten Methoden können natürlich in der gebotenen Kürze nicht in allen Einzelheiten vorgestellt werden. Es geht hier um einen Überblick, also gleichsam um eine Methoden-Topographie; die einzelnen Winkel, Gäßchen und Plätze muß jeder bei der Anwendung, beim Hindurchgehen also, selber entdecken. Außerdem liegen die Methoden hernach nicht wie Operationsinstrumente im OP aufgereiht dar, um an jedem Patienten unterschiedslos Verwendung zu finden. Mit jedem neuen Text verändert sich auch die Landschaft der anwendbaren Methoden. So paradox es klingen mag: Der Text selber fordert zuweilen die Erfindung neuer Methoden, weil er sich durch keine der bislang angewandten Methoden erschließen läßt.

Darüber hinaus verändert sich die Methodenlandschaft ständig dadurch, daß mit neuen Forschungsimpulsen aus den Literaturwissenschaften, der Linguistik und Semiotik auch die biblische Exegese angehalten ist, ihr Instrumentarium zu überprüfen und gegebenenfalls zu erweitern. Hinzu kommen Impulse aus den übrigen theologischen Disziplinen sowie den Geisteswissenschaften insgesamt, die neue Fragen an den alten Text stellen, für deren Beantwortung manchmal die herkömmliche Methodenpalette historisch-kritischer Exegese nicht mehr hinreichend ist. In den letzten zwanzig Jahren stellten etwa die zunehmenden Versuche einer „tiefenpsychologischen" Bibelauslegung Exegeten vor eine solche Aufgabe.

Nicht nur das Methodeninstrumentarium unterliegt wachsenden Veränderungen, ebenso beständig verändert sich das Hintergrundwissen, das der Leser eines alttestamentlichen Textes zu seinem Verständnis berücksichtigen muß. So leisten beispielsweise die Erkenntnisse und Diskussionsstände der altorientalischen Philologie ihren Beitrag zum besseren Verständnis bestimmter semantischer wie syntaktischer Strukturen der hebräischen und aramäischen Texte des Alten Testaments sowie zur besseren Identifizierung zentraler Motive der altorientalischen Literatur in alttestamentlichen Texten. Die vorderasiatische Altertumskunde und die biblische Archäologie befördern das Verständnis der Umwelt, in der die alttestamentlichen Texte entstanden sind. Vielleicht sind es auch allein diese beiden Forschungsdisziplinen, die mir als christlich sozialisiertem Leser des Abendlandes noch deutlich vor Augen zu führen vermögen, daß zwischen mir und den mir in der Bibelübersetzung handlich gebunden vorliegenden Texten im Prozeß des Lesens immer wieder eine spürbare Distanz zu überwinden ist.

2.1.2 Der Urtext als bleibender Ausgangspunkt

Jeder redlich arbeitende Theologe muß sich bewußt machen, daß der Versuch, den biblischen Text annähernd zu verstehen, geschweige denn ihn für Predigt, Unterricht und Erwachsenenbildung zu exegieren, letztlich nur an und mit dem Originaltext sinnvoll angegangen werden kann. Die wachsenden Lernerfordernisse des Theologiestudiums wie die Veränderung der Bildungslandschaft insgesamt führen jedoch dazu, daß Kenntnisse der biblischen Sprachen nicht mehr einfach vorauszusetzen sind. Wenn ich in meiner Auseinandersetzung mit biblischen Texten deshalb auf Hilfsmittel wie verschiedene Bibelübersetzungen, Interlinear- oder Arbeitsübersetzungen angewiesen bin, darf mich das nicht darüber hinwegtäuschen, daß ich einen fremdsprachigen Text aus einer historisch relativ weit zurückliegenden Zeit vor mir habe, den ich „*übersetzen*" muß, bevor ich ihn verstehen kann (wenn man einen Text überhaupt letztgültig „verstehen" kann). Die Übersetzung aber versucht, semantische und pragmatische Strukturen aus einem Sprachsystem in ein anderes Sprachsystem zu überführen. Daß das eine solide Kenntnis beider Sprachsysteme voraussetzt und – bei noch so viel Anstrengung – nie ohne Rest aufgeht, dürfte evident sein. Ebenso selbstverständlich ist, daß der Leser, welcher sich dem Text in seiner Ursprungssprache zuwendet, ungleich mehr wahrnimmt, als die Übersetzung wahrzunehmen gestattet.

Was das für eine Interpretation bedeutet, zeigt sich etwa, wenn in dem Film „Rain Man" (USA 1988, Regie: Barry Levinson, mit Dustin Hoffman und Tom Cruise) der autistisch verhaltensgestörte Raymond – dessen Namen sein Bruder Charlie Babbitt als Kind immer in „Rain Man" verballhornte – stets zu seinen Pflegern und Bezugspersonen „Main Man" sagt, hört der Zuhörer in der Originalfassung den gewollten Bezug, der von Anfang an aufgebaut wird. In der deutschen Übersetzung „Käpt'n" läßt sich diese Beziehung nicht mehr heraushören.

Der Löwe machte ihm morgens Frühstück, holte ihm die Times und Le Monde, brachte ihm Wein, Schnaps, Tabak, Zigarren, leckere Suppen, Salate, Pastetchen und was sonst einer so braucht. (Da der heilige Hieronymus was zu tun hatte, brauchte er, wie alle, die was zu tun haben, nur wenig. Die Rohrfedern, mit denen er schrieb, schnitt und schliff er sich selbst; das Papier und die Tinte brachte ihm der Löwe.)
Seit dem Ende des 15. Jahrhunderts brachte er ihm auch die jeweils neuste Übersetzung des Neuen Testaments. Die letzte, die ihm der Löwe brachte – die sogenannte Einheitsübersetzung – schmiß der Heilige, nach einigem DrinRumblättern, wütend hin.
‚Die Barbaren! Hör sich das einer an! Lukas 2, Vers 14: Verherrlicht ist Gott in der Höhe und auf Erden ist Friede bei den Menschen seiner Gnade: das ist a) ohne Sinn für Syntax, Rhythmus und Kadenz des Satzes, also plump übersetzt, und b) noch gröblich und mit Fleiß gefälscht. Gloria in altissimis Deo, et in terra pax hominibus bonae voluntatis hatte seinerzeit ich übersetzt. Den Schluß – den Menschen, die guten Willens sind – halte ich inzwischen für falsch. Er unterscheidet, teilt, trennt, und eben das tut das Original nicht. En anthrópois eudoxía: das meint nicht bestimmte, sondern alle Menschen.

Albrecht Fabri, Divertimenti. Ausgewählte Texte aus fünf Jahrzehnten, hrsg. von Paul Good, Düsseldorf und Bonn 1996, Ss. 35f.

Viele Stichwortbezüge, Struktursignale, Anspielungen lassen sich also nur in der Originalfassung eines Textes bemerken. Darüber hinaus bleibt ein Rest an Unübersetzbarkeit, an inhaltlichen, sprachlichen oder stilistischen Besonderheiten, die sich in der Zielsprache niemals adäquat imitieren lassen.

Jede Übersetzung ist immer auch schon eine Auslegung, eine Exegese, die zu überprüfen und erklärungsbedürftig ist. Wenn mir die Möglichkeit einer kritischen Überprüfung am hebräischen Text nicht eröffnet ist, bleibe ich angewiesen auf den Vergleich verschiedener Übersetzungen miteinander. Dieser Vergleich eröffnet mir das Spektrum möglicher Übersetzungs- und damit Verstehensmöglichkeiten des Textes.

„Wer übersetzt", sagt der Tübinger Alttestamentler Fridolin Stier, „muß ver–setzen. Der Treue verschworen, muß er sie brechen. Die Sprachen wollen, sie können nicht anders. Eine jede spricht Himmlisches und Irdisches, Menschliches und Dingliches je anders gesehen und erfahren, je anders gefühlt und gewertet, erkannt und bezogen – wie Maler, die den gleichen Berg malen, verungleichen Sprachen das Gleiche" (Fridolin Stier, Die Heilsbotschaft nach Markus, München/Düsseldorf 1950, S. 50).

Wenn Sie also den Ihnen vorliegenden Text nicht aus der Ursprache übersetzen können, vergleichen Sie verschiedene Übersetzungen miteinander und geben Sie sich Rechenschaft darüber, in welchen Punkten die verschiedenen Übersetzungen voneinander abweichen. Auch wenn Ihnen eine Arbeitsübersetzung vorgelegt wird, die als Diskussionsgrundlage dienen will, entbindet Sie das nicht von der Aufgabe, auch diese Übersetzung kritisch mit anderen Übersetzungen zu prüfen.
Sie brauchen dabei nicht auf jede Kleinigkeit zu achten, sollten aber folgende Fragen im Hinterkopf behalten:

- **Welche zentralen Begriffe werden offenbar abweichend wiedergegeben?**
- **Stellen sich bestimmte inhaltliche Aspekte unterschiedlich dar?**
- **Sind einzelne Personen oder Handlungen anders charakterisiert?**
- **Unterscheiden sich bestimmte Verben voneinander?**

Stellen Sie sich für Ihre weitere Arbeit die Abweichungen – am günstigsten in einer Tabelle – zusammen.

2.2 Synchrone und diachrone Analyseverfahren

Die wissenschaftlichen Methoden der Textauslegung lassen sich unter zwei Aspekten gruppieren. Die Exegese unterscheidet zwischen synchronen und diachronen Analyseverfahren.

2.2.1 Synchrone Analyseverfahren

Der Begriff „Synchronie“ stellt eine griechisch-neulateinische Wortbildung dar und beschreibt ein gleichzeitig erfolgendes, gleichlaufendes Verfahren (Aus dem Film- und Fersehumfeld ist ja der Begriff Synchronisation als Erstellung einer zur Bildspur parallel laufenden Tonspur in der jeweiligen Zielsprache hinlänglich bekannt). In der Wissenschaftstheorie werden als „synchron“ dementsprechend alle beschreibenden Darstellungen der Phänomene eines ausgewählten Zeitraums (also etwa die Beschreibung der deutschen Sprache des 19.Jh. oder der vorderasiatischen Keramiken des Neolithikums) bezeichnet.

Als synchrone Auslegungsverfahren werden von der Exegese all jene Methoden bezeichnet, die eine Beschreibung der Merkmale und Phänomene des vorliegenden Textes leisten. Die Topographie des Textes, seine kompositorische, semantische, syntaktische und pragmatische Struktur gilt es also zu erfassen. Dabei beschränken sich die synchronen Methodenschritte nicht ausschließlich auf den in den unterschiedlichen Bibelausgaben greifbaren „Endtext“, sie lassen sich mit ebensolcher Berechtigung auch auf die unterschiedlichen rekonstruierbaren Stufen der Textgenese anwenden. Eine synchrone Betrachtungsweise derselben dient einerseits der Bestimmung des Profils der jeweiligen Textstufe selber, sie stellt andererseits aber Kriterien bereit, die eine Beurteilung der erzählerischen Abgeschlossenheit wie der kompositorischen Struktur der jeweils rekonstruierten Textebene ermöglichen.

2.2.2 Diachrone Analyseverfahren

Der Begriff „Diachronie“ ist demgegenüber die Bezeichnung für all jene wissenschaftlichen Beschreibungsformen, die der Darstellung der geschichtlichen Entwicklung ausgewählter Phänomene (also etwa die Beschreibung der Veränderungen der deutschen Sprache vom Spätmittelalter bis zur Gegenwart oder der Keramiken des vorderasiatischen Kulturraumes vom Neolithikum bis zur Mittleren Bronzezeit) dienen.

Als diachrone Analyseverfahren werden dementsprechend innerhalb der Exegese all jene Methoden bezeichnet, die einen Zugang zur Entstehungsgeschichte des Textes und seinen aus dem Verlauf dieser Textgenese herrührenden, noch rekonstruierbaren Fassungen ermöglichen. Innerhalb wie außerhalb der Forschung sind die unter dem Aspekt „diachron" versammelten Verfahren gern mit dem Stichwort „historisch-kritische Bibelauslegung" versehen worden. Diese Bezeichnung trifft das Anliegen der diachronen Analyseschritte immer noch recht präzise, solange mit ihrer Verwendung nicht das Mißverständnis einhergeht, den vorliegenden Text mit dem Ziel der Herausarbeitung einer Grund- und Ursprungsschicht gleichsam zu „bereinigen". Eine Rekonstruktion der Entstehungsgeschichte eines Textes wertet die als Zuwächse qualifizierbaren Erweiterungs- und Bearbeitungsschichten deutlich auf und nicht ab.

2.2.3 Vergleichspunkt: Archäologie

Der naheliegende Vergleich der Arbeit der Exegeten mit der Arbeit der Archäologen ist durchaus statthaft, wenngleich dies den Exegeten auch den Spitznamen der „Textarchäologen" eingetragen hat. Auch die Archäologie arbeitet ja mit synchronen und diachronen Analyseverfahren. Als Methode der Synchronie ist etwa die Bestimmung eines Surveys – ein Spezifikum der Siedlungsarchäologie – anzusprechen, das die drei Aspekte Fundobjekte, Menschen und menschliches Verhalten zu einem bestimmten Zeitpunkt hinsichtlich einer näheren Bestimmung des siedlungsarchäologischen Charakters einer ausgewählten und klar definierten Siedlungskammer auszuwerten sucht. Ein solches synchron arbeitendes Oberflächensurvey geht – darin der Arbeit am alttestamentlichen Text nicht unähnlich – von einer Fülle von Fundstücken (Einzelbeobachtungen) aus. In der Archäologie dient ein solches Survey der Erhebung eines stratigraphischen Profils der jeweiligen Siedlungskammer; in der Exegese lassen sich synchrone Beobachtungen (Spannungsbögen, Handlungsbrüche, etc.) – wie sich noch zeigen wird – durchaus diachron, also als Hinweis für eine mögliche Rekonstruktion der Entstehungsgeschichte auswerten. Demgegenüber versucht das diachrone Verfahren des Grabungsquerschnitts eine Stratigraphierung aus den dabei zutagetretenden unterschiedlichen Schichten (Strata) zu rekonstruieren, für deren Bestimmung jedoch wiederum synchrone Verfahrensschritte notwendig werden. Der Vergleich der exegetischen mit archäologischen Techniken zeigt deutlich, daß synchrone und diachrone Methoden nicht streng gegeneinander abgehoben werden müssen. Auf dem langen Weg der Textauslegung greifen sie vielmehr immer wieder ineinander, profitieren voneinander und bauen aufeinander auf. Wir können auch sagen, daß sie in einem „systemischen" Verhältnis zueinander stehen, will sagen: Die auf einer Ebene gemachten Beobachtungen hängen mit den Beobachtungen auf einer anderen Ebene eng zusammen. Insofern bleibt eine „Systematik" der Methoden immer nur vordergründig.

> *Die Funktion der verschiedenen Methoden läßt sich am besten mit einem Vergleich beschreiben: Um eine Landschaft mit ihrer Eigenart und ihrer Schönheit zu erfassen, gibt es eine Reihe von Wegen. Jeder Weg enthüllt etwas von der Eigenart und Schönheit. Wer nur einen einzigen Weg benützt, übersieht vieles. Allerdings kann es Wege geben, die besonders lohnend sind, so daß andere Wege nur eine Ergänzung oder einen schwachen Ersatz dazu bieten können.*
> *Für jeden Text sind der ihm gemäße Zugang und die textgemäße Methode zu suchen.*
> *Methoden sind nicht mechanisch anzuwendende Mittel, um den Sinn des Textes zu erfassen. Methoden sind als Hinweise zu verstehen, in welche Richtung Beobachtungen am Text zu sammeln sind und wie der Sinn des Textes am angemessensten erschlossen werden kann.*
>
> Wilhelm Egger, Methodenlehre zum Neuen Testament. Einführung in die linguistische und historisch-kritische Methode, Freiburg/Basel/Wien 1987, S 22

2.3 Der Text als abgeschlossenes Kunstwerk – Synchrone Betrachtungsweisen

2.3.1 Annäherungen an den Untersuchungsgegenstand Text

2.3.1.1 Den Text als literarisches Kunstprodukt wahrnehmen

Wenn ich meine, einen Text verstanden zu haben, habe ich meistens seinen Aufbau, seine gedankliche oder argumentative Abfolge, seine Struktur verstanden. Umgekehrt lege ich, wenn ich selber einen Text verfassen möchte, zunächst die Struktur, die Abfolge der Gedanken und Argumente sowie seinen möglichen Aufbau fest. Was am Beginn jeder synchronen Textanalyse stehen sollte, ist deshalb so etwas wie ein „Textsurvey", eine Erhebung, Begutachtung des vorliegenden Textes.

Diese Erhebung des Textprofils verfolgt in erster Linie das Ziel, den Inhalt, die Personenkonstellation und die Abfolge der erzählten Daten (den Erzählbogen) zu erfassen.

Dieses Textsurvey kann jeder Leser ganz problemlos – ohne zuvor ein Methodenseminar besucht zu haben – vornehmen. Odil Hannes Steck empfiehlt in seiner Methodenlehre zwei mögliche Zugänge. Der eine setzt stärker in der Welt des Lesers an, der andere in der Welt des Textes selber:

So interessant ein Text als historisches Zeugnis einer bestimmten (untergegangenen) Epoche auch sein mag, er gewinnt existentielle Bedeutung für mich allererst da, wo er an meine Fragen und Interessen rührt. Naturgemäß kann jemand Goethes „Wilhelm Meisters Lehr- und Wanderjahre“ oder „Die Leiden des jungen Werther“ mit dem Ziel lesen, den Bildungsroman der Klassik oder das Werk Goethes näher kennen zu lernen. Vermutlich wird eine solche Lektüre aber eher gebildete Langeweile und den Eindruck hervorrufen, Thema und Sprache dieser Romane haben sich längst überlebt. Erst die Entdeckung, daß die „erzählte Welt“ der meinigen nicht ganz unähnlich ist, das ich „dazwischen“ (*inter esse*) bin, wandelt die Mühe der Lektüre in einen Genuß.

2.3.1.2 Der Text als Bestandteil der heutigen Welt

Als Leser begegne ich dem Text mit ganz bestimmten Erwartungen. Meine Biographie, die Kultur, in der ich aufgewachsen bin, meine bisherigen Leseerfahrungen und eine nicht gering zu veranschlagende Dunkelziffer von Vorentscheidungen setzen mir gleichsam die Lesebrille auf, durch die ich den Text wahrnehme. Wenn ich mir Rechenschaft über den Text als Bestandteil der heutigen, also meiner Welt gebe, analysiere ich zugleich die zahllosen Filter, durch die ich lese.

Wenn Sie den Ihnen vorliegenden Text mit anderen Übersetzungen verglichen haben und sich so des Textkorpus vergewissert haben, besteht Ihre nächste Aufgabe darin, den Text immer und immer wieder zu lesen. Je besser Sie sich mit dem Inhalt und dem Text selber vertraut machen, desto besser werden Sie hinterher mit den einzelnen Arbeitsschritten der Methoden klarkommen.

Folgende Fragen können Ihr häufiges Lesen des Textes begleiten:

- **Was wird erzählt?**
- **Von welchen Personen wird was erzählt?**
- **Wer erzählt?**

Erster und wichtigster Schritt der exegetischen Arbeit ist das Lesen. Es genügt keinesfalls, den Text zu „überfliegen", und auch nicht, ihn „einmal gründlich" zu lesen. Er will immer und immer wieder gelesen sein – immer wieder unter neuen Aspekten, neuen Fragestellungen. Literarische Texte erschließen sich nicht selbstverständlich, sie wollen umworben und umschmeichelt werden, bevor sie sich öffnen. So paradox es klingen mag – Verben wie „analysieren", „auslegen", „begreifen" und „bearbeiten" sind eigentlich unpassende Bezeichnungen für die Arbeit des exegierenden Lesers. „Meditieren" des Textes – nicht in dem Sinne, sich dazu bloß fromme Gedanken zu machen – ist gefordert, ein geduldiges Abhorchen, Abtasten des mir vorliegenden Stücks Literatur. Wenn manche Literaturwissenschaftler empfehlen, Gedichte, Erzählungen und Romane erst dann zu interpretieren, wenn man sie wenigstens fünfmal gelesen hat, dürfte dies auch für die Auslegung alttestamentlicher Textgruppen keineswegs a bwegig sein.

Wer liest, betrachtet das, was er liest zunächst als Gegenstand seiner eigenen aktuellen Welt. Odil Hannes Steck lädt in seinem „Leitfaden der Methodik" ein, sich über diesen Sachverhalt mittels folgender Fragen Rechenschaft zu geben:

- Welche Empfindungen, Reaktionen, Assoziationen ruft der Text in mir hervor (z.B. nah / fremd, mein Text / nicht mein Text, einladend / abschreckend, froh / traurig, klärend / nichtssagend ...)?
- In welcher Lebenssituation spricht mich der Text an?
- Was ist mir spontan sehr wichtig, wozu fehlt mir offenbar im Moment der Zugang?
- Was kommt mir bekannt vor?
- Was vermisse ich?

- Was verstehe ich nicht?
- Wo regt sich mein spontaner Widerspruch – als Frau, als Mann, als christlich soziali-sierter Mensch, als demokratische Bürger, als engagierter Zeitgenosse?
- Was fällt mir ganz spontan zu bestimmten Sätzen oder Erzählpassagen ein?
- Woran denke ich bei diesem Text? Wie versuche ich ihn mir zu erklären?
- Welchen Menschen in welcher Lebenslage könnte ich diesen Text als hilfreiches, bereicherndes Wort zusagen?
- In welcher theologischen Diskussion könnte ich mit diesem Text wofür argumentieren?

(Nach Odil Hannes Steck, Exegese des Alten Testaments. Leitfaden der Methodik, Neukirchen-Vlyn, 13.Aufl. 1993, S. 7)

Nach einer Lektüre des Textes, die sich an diesen oder ähnlichen Fragen orientiert, dürfte das erste Eis gebrochen sein und der Text seine abweisende Fremdheit – vielleicht auch seine voreilige Vertrautheit – verloren haben.

Durch das Tor dieser Einleitungsfragen habe ich nun gleichsam den Vorhof der Exegese eines alttestamentlichen Textes betreten. Wichtig ist es nun, hier nicht stehen zu bleiben, so groß die Gefahr auch sein mag, zu meinen, ich wüßte über den Text schon alles. Ein zweiter Schritt muß nun hinzukommen, der den Text als Gebilde seiner Zeit und seiner Umwelt ansieht.

2.3.1.3 Der Text als Bestandteil seiner historischen Umwelt

Mit dieser Fragerichtung wird der Leser zum Zeitreisenden, der versucht, sich über die Zeit und Umwelt der Entstehung des vorliegenden Stücks Literatur zu informieren und zu ergründen, welche Absicht, welchen Sinn und welche Leserschaft es in der damaligen Umwelt möglicherweise gehabt hat. Innerhalb der Geschichte der deutschen Literatur läßt sich ein Text Adalbert Stifters auch nicht verstehen, ohne die Zeit des Biedermeier und des metternichschen Regimes zu kennen, und das Werk Heinrich Bölls erhält seine volle Strahlkraft erst vor dem Hintergrund der Situation Deutschlands in der Nachkriegszeit und der Zeit des beginnenden Aufschwungs. Selbstverständlich hat jede Literatur eine über den historischen Entstehungshintergrund hinausgehende Bedeutung, die sich von ihrer jeweiligen Entstehungszeit emanzipiert hat, der Leser sieht aber mehr, wenn er den jeweiligen Text vor der Folie von Glanz und Grauen der Epoche seiner Entstehung zu lesen versucht.

Exegeten haben da ein etwas diffizileres Geschäft als die Literaturwissenschaftler, da die „Erstausgaben" – und damit das Erscheinungsjahr – der in der Bibel versammelten Bücher und Texte nicht mehr greifbar sind, wenngleich auch der Rahmen ihrer möglichen Entstehungszeit relativ gut eingrenzbar ist. Zudem können wir über die Schriftsteller und Autorenkreise der jeweiligen Texte nur Vermutungen anstellen.

Bei dem Versuch, sich einen Text als Bestandteil seiner historischen Welt vorzustellen, kann es darum nicht um unumstößliche Ergebnisse sondern nur um Vermutungen und Erwägungen gehen. Dabei stehen Imaginationen des historischen Hintergrunds sowie der altorientalischen Umwelt des Textes im Vordergrund. Folgende Fragen können – wiederum in Anlehung an Odil Hannes Steck – zu diesem Auslegungsschritt anleiten:

- In welche zeitgeschichtliche Situation könnte der Text hinein geschrieben sein?
- Welche Hinweise kann ich dem Text auf seine historische Verortung entnehmen? (Ortsangaben, Hinweise auf Regierungszeiten historisch greifbarer Gestalten, „Zeit-angaben", etc.)
- Welche Existenzerfahrung spricht sich in diesem Text aus?
- Werden bestimmte Konflikte und Konfliktparteien hinter der Erzählung sichtbar, die Hinweise auf bestimmte politische Konstellationen innerhalb der Geschichte Israels in alttestamentlicher Zeit geben?
- Wo ließe sich der „Sitz im Leben", will sagen: die Verwendbarkeit des vorliegenden Textes vermuten?
- Transportiert die Erzählung eine bestimmte These, verfolgt sie gezielt ein Interesse, die in einer bestimmten Phase der Geschichte Israels in alttestamentlicher Zeit tonangebend gewesen sein könnten?
- Wie könnten der bzw. die Autoren des vorliegenden Textes charakterisiert werden? In welches geistesgeschichtliche Umfeld würde ich sie einordnen, welche Herkunft würde ich ihnen zusprechen?
- In welchem Medium könnte der vorliegende Text erstmals zugänglich gewesen sein (Sammlung von Rechts- und Gesetzestexten, Erzählsammlung, theologisches Werk, Monographie, Geschichtsbuch, Biographie, Sagensammlung, etc.)
- Wenn der Text ein bestimmtes Interesse verfolgt – welchen Widerspruch wird er er-fahren bzw. zu erwarten haben?

Sowohl mittels der Vorstellung des Textes als Bestandteil meiner als auch als Bestandteil seiner historischen Welt gilt es, sich – im Sinne Umberto Ecos – über die „Vermutungen" klar zu werden, die meine Interpretation im Vorfeld bestimmen. Natürlich ist damit die Arbeit des Exegeten noch nicht getan – die Exegese alttestamentlicher Texte ist eine wissenschaftliche Form der Textanalyse, d.h. sie hat das Interesse, nachvollziehbare Beobachtungen und Argumente mitzuteilen und daraus eine These zu formulieren. Dabei schließt der subjektive Textzugang den objektiven keinesfalls aus; beide greifen vielmehr bei dem spannenden Weg der Erschließung eines literarischen Kunstwerkes inspirierend ineinander.

2.3.2 Aufbau und Struktur des literarischen Kunstwerks Text

2.3.2.1 Die Oberflächenstruktur – das „Textsurvey"

Wenn es um eine Beschreibung des „Textsurveys", seiner Struktur und Oberfläche geht, steht eigentlich keine andere Aufgabe im Vordergrund, als das zu analysierende literarische Produkt in seiner Eigenart zu beschreiben. Dabei bieten sich zwei Beschreibungsebenen an, die wie zwei Etagen ein und desselben Hauses zugleich getrennt und doch miteinander verbunden sind:

- die Ebene des erzählten Geschehens, der Fiktion und Erzählhandlung
- die Ebene des literarischen Kunstprodukts, der Sprache und literarischen Gestalt

Beide Ebenen repräsentieren den inzwischen schon „klassischen" Gegensatz von Inhalt (Ebene des erzählten Geschehens) und Form (Ebene des literarischen Kunstprodukts). Um bei der Analyse eines literarischen Textes nicht vorschnell Interpretationslinien zu ziehen und aufgrund dessen Fehldeutungen zu erliegen, ist es sinnvoll, zunächst beide Ebenen deutlich gegeneinander abzugrenzen. Die Untersuchung der Fiktion und Erzählhandlung bezieht sich in erster Linie auf den Plot der Erzählung, mithin auf das nacherzählbare Handlungsgerüst (*Was* wird erzählt?), während die Betrachtung der Ebene der Sprache und literarischen Gestalt den planvollen Aufbau des Textes, den Einsatz rhetorischer Mittel und Stilfiguren sowie letzthin die Wort- und Motivwahl (*Wie* wird erzählt?) meint.

Auch hier bauen natürlich beide Ebenen aufeinander auf. Wie eine bestimmte Person charakterisiert ist, kann ich freilich nur an der Beobachtung der ihr in den Mund gelegten Redeteile, an der Art der für ihre Beschreibung verwandten Adjektive und an ihren Einsatzorten im Gesamtkomplex der Erzählung ablesen. Andererseits weist die Untersuchung der literarischen Gestaltung unterschiedlicher Textpassagen unausweichlich auf deren Erzählinhalt hin. Shimon Bar-Efrat hat deshalb einmal die Aktanten als die „Seele“, den Plot als den „Körper“ einer Erzählung bezeichnet („If the characters are the soul of the narrative, the plot is the body“ – Shimon Bar-Efrat, Narrative Art in the Bibel, JSOTS 70, Sheffield 1989, S.93). Trotz der Angewiesenheit beider Perspektiven aufeinander ist es doch hilfreich, beide Sichtweisen für das Unterfangen der Analyse zunächst voneinander zu trennen.

2.3.2.2 Die Ebene des erzählten Geschehens

Was wird erzählt? – Die Frage mag überflüssig erscheinen. Wie schwierig sie jedoch in Wirklichkeit zu beantworten ist, weiß jeder, der nur schon einmal versucht hat, seinen Freunden den Inhalt eines Films oder eines Buches nachzuerzählen („Wie war das noch mal?“ – „Jetzt bekomme ich es doch nicht mehr auf die Reihe ...“). Wer nacherzählt, strukturiert neu, setzt Akzente, wählt aus, schafft im Grunde genommen eine ganz andere Erzählung.

> *Eine Geschichte ist immer auch eine Geschichte über eine Geschichte. Wenn ich mündlich etwas erzähle, meiner Frau zum Beispiel, dann erzähle ich ja nicht einfach nur der Reihe nach, was geschehen ist. Würde ich das tun, nach einer Reise etwa, würde sie schnell fragen: »Warum erzählst du mir das – was soll denn das?« Wenn ich aber nicht nur die Stationen der Reise aufzähle, wenn ich zu formen beginne, wähle ich auch schon aus: zu meinen Gunsten und zugunsten der Geschichte.*
>
> Peter Bichsel, Der Leser. Das Erzählen, Frankfurt a.M. 1997, Ss. 8f

In vielen exegetischen Kommentaren erzählen die Autoren den Inhalt des auszulegenden Textes oftmals zunächst nach. Das mag den einen oder anderen Exegeten verärgern, der sich schon länger mit dem jeweiligen Text beschäftigt hat und sich außerdem in der Lage fühlt, die Erzählung selber zu lesen. So gänzlich unwichtig ist diese Entscheidung der Kommentatoren jedoch nicht, da jede Nacherzählung immer schon ein Stück Interpretation ist, eine Rechenschaft dem Leser gegenüber, was der Kommentator verstanden hat und wovon ich jetzt handeln möchte. Was für den Interpretationsaufsatz im Deutschunterricht als Eröffnungselement wichtig war, sollte auch bei einer wissenschaftlichen Textanalyse nicht fehlen:

Formulieren Sie am Anfang Ihr Gesamtverständnis des Textes!
Ein Gesamtverständnis zu formulieren, bedeutet jedoch nicht, den Text mit all seinen einzelnen Etappen bloß nachzuerzählen. Bei der Formulierung des Gesamtverständnisses ist vielmehr ein kurzer, sachlicher Überblick über den Inhalt der Erzählung zu geben, ohne daß Spannung aufgebaut bzw. unnötige Erzähleinlassungen berücksichtigt werden.

2.3.2.2.1 Erzähletappen und Plot

Was erzählt wird, der „Plot" einer Erzählung, läßt sich am ehesten an der Kennzeichnung der Etappen einer Erzählung erfassen („The plot of a narrative is constructed as a meaningful chain of interconnected events" – Shimon Bar-Efrat, Narrative Art in the Bible, JSOTS 70, Sheffield 1989, S. 93). Daher ist es hilfreich, sich eine Erzählung in den einzelnen Schritten vor Augen zu führen, die einen Handlungs- bzw. einen Erzählfortschritt bringen. Um den Erzählinhalt der jeweiligen Schritte transparent zu machen, ist es sinnvoll, eine Überschrift für jede Erzähletappe zu finden, die deren Inhalt so knapp wie möglich und so präzise wie nötig wiedergibt. Die Benennung der Schritte stellt zugleich eine Vorarbeit zur Segmentierung und Strukturierung eines Textes dar, die wiederum zwei entscheidende Schritte auf dem Weg zur Analyse der Komposition eines literarischen Kunstwerkes bilden.

Versuchen Sie, die einzelnen Etappen der Ihnen vorliegenden Erzählung bzw. des Ihnen vorliegenden Textes zu benennen. Welche Verse umfassen die jeweiligen Etappen?
Damit Sie sich den inhaltlichen Fortschritt der einzelnen Etappen vor Augen führen, wird es sinnvoll sein, den Einzeletappen Überschriften zu geben.

2.3.2.2.2 Orte

Die Struktur einer Erzählung ergibt sich nicht selten auch über die Orte, an denen eine fiktive Handlung situiert wird. Mit einem Ortswechsel geht nämlich oft ein Handlungsumschwung einher, der eine Strukturierung und Segmentierung des Textes zuläßt. Wo eine Handlung „spielt“ ist, nicht unerheblich, wie etwa Gen 22 oder Gen 28,10-22 zeigt. Der Ort einer Handlung bestimmt vielmehr auch deren Interpretationsrichtung. Wenn also Gen 28,10-22 Bet-El als Ort der Erzählhandlung anführt, so bekommt die Richtung der möglichen Interpretation damit eine deutliche theologische Gestalt.

Untersuchen Sie den Ihnen vorliegenden Text auf mögliche Ortsangaben bzw. auf Wanderungsnotizen wie „...kam nach...“, „...ging zu...“, etc.
Damit Sie sich in etwa ein Bild machen können, wo der erzählende bzw. nichterzählende Text einen Ortsbezug festzumachen versucht, schlagen Sie die Orte am besten auf einer Karte nach.

Wenn die biblischen Erzähler eine Erzählung an einem bestimmten Ort stattfinden lassen, so rechnen sie damit, mit dieser Ortsangabe beim Leser gezielt Informationen abzurufen, die sich in seiner historischen Welt mit besagtem Ort verbinden. Für heutige Leser wären Ortsangaben wie Paris, London, Berlin oder München mit vergleichbaren Vorstellungen und Klischees verbunden wie für Leser alttestamentlicher Zeit Orte wie Bet-El, Jabbok, Zorah und Tekoa. Aufgabe des Exegeten unserer Tage ist es, in den einschlägigen Nachschlagewerken den Ortsangaben nachzugehen. Die Erarbeitung eines Grundwissens über die Realia des Textes gehört zu den vordringlichsten Aufgaben der wissenschaftlichen Textauslegung. Zu diesen Realia gehören freilich neben Ortsangaben auch Götter- und Personennamen, Angaben über Regierungszeiten und Kultpraktiken sowie Maßangaben und Währungseinheiten.

2.3.2.2.3 Aktanten (Personen, Erzählfiguren)

Jede erzählte Handlung wird getragen durch Aktanten, erzählte Personen, um die eine Erzählung kreist und die den Faden der Erzählhandlung fortweben. Als Leser gilt unser Interesse in erster Linie ihnen – vor Aufbau und Stil, Wortwahl und Motivik einer Erzählung. Wir leiden und hoffen mit den Aktanten einer Erzählung, entwickeln Sympathien für den einen, Antipathien gegen den anderen Charakter, bangen mit ihnen um den Ausgang ihres Schicksals. Wo eine Person neu eingeführt wird, wird außerdem häufig auch eine neue Inhaltsebene – oder zumindest doch ein neuer Aspekt – in eine Erzählung eingetragen. Darüber hinaus wird eine bestimmte Person sogar von einem eigenen Motiv, einem nur sie auszeichnenden Thema begleitet, das mit ihr verbunden auftritt und mit anderen Personenmotiven in ein Spannungsverhältnis treten kann. Auch die Interpretation eines Textes bestimmt sich in erster Linie darüber, wie es dem Protagonisten mit den ihm eigenen Dispositionen im Verlauf der Handlung ergeht. Die „Berechnungsformel" eines Textes aus der Perspektive des handlungsbestimmenden Aktanten könnte also folgendermaßen beschreiben werden: Disposition des Aktanten in Relation zu seinem sein Ergehen im Erzählverlauf eröffnet Aspekte der Interpretation.

Wie in einem Theaterstück finden sich auch in einer Erzählung Hauptfiguren und Nebenfiguren. Die einen bestimmen maßgeblich die erzählte Handlung, die anderen werden erst in den tieferen Ebenen der Erzählung sichtbar, bilden die Staffage der Erzählung. Beide konstituieren einerseits die Erzählhandlung, bilden andererseits aber auch den Zugang, über den ein Einstieg in die Interpretation einer Erzählung möglich wird. Je nachdem, aus welcher Aktantenperspektive ich die Erzählung betrachte, verschiebt sich möglicherweise auch die Interpretation. Daß etwa die Erzählung in Gen 22 aus der Perspektive Abrahams anders zu interpretieren ist als aus der Perspektive Isaaks, dürfte evident sein.

Erstellen Sie zu der Erzählung, die Sie untersuchen, ein Personenraster. Stellen Sie also zusammen, welche Personen an der Erzählhandlung direkt beteiligt sind, welche indirekt auf den Gang der Handlung einwirken. Sie können sich auch ein Diagramm zeichnen, in dem die jeweils aufeinander einwirkenden Aktanten durch Pfeile mitein-

ander verbunden werden. Auf diese Weise läßt sich sehr schnell der geheime Mittelpunkt der Aktanten einer Erzählung herausfinden. Darüber hinaus können Sie in einer Tabelle die im Verlauf einer Handlung den beteiligten Aktanten zugeschriebenen Eigenschaften und die ihnen in den Mund gelegten Parolen notieren. Sie gewinnen dann sehr schnell einen Überblick darüber, welchen Hintergrund der Erzähler seiner Figur unterlegt und für welche These, welche Haltung sie steht.

Innerhalb einer Erzählung wird eine Person – ganz gleich ob es sich um eine historische oder eine fiktive Gestalt handelt – sukzessive aufgebaut durch bestimmte Thesen, die der Erzähler ihr in den Mund legt, durch eine ausgesuchte Wortwahl, die ihren Redeteilen unterlegt ist, durch die Adjektive und Beschreibungen, die sie im Laufe der erzählten Handlung charakterisieren. Um also den Auslegungsmöglichkeiten eines erzählenden Textes auf die Spur zu kommen, ist es sinnvoll, zunächst die Personenkonstellation zu betrachten. Dazu wird es hilfreich sein, die Spur jedes einzelnen Aktanten innerhalb des Textes zu verfolgen. Also sollten einerseits die jeder Person zukommenden Beschreibungen (Adjektive, Charakterisierungen, etc.) und andererseits deren Redebeiträge zusammengestellt werden. Vor allem die einer Person vom Erzähler in den Mund gelegten Äußerungen dienen der Erstellung eines Aktantenprofils. Die Arbeit des Exegeten ist dabei durchaus mit kriminalistischer Spürarbeit vergleichbar. Auch hier gilt es, jedem Hinweis im Text nachzugehen, um das (psychologische) Profil einer erzählten Figur möglichst lückenlos zu erfassen. Manche Hinweise sind innerhalb eines Erzähltextes nur versteckt gegeben und erfordern somit ein sorgfältiges Ermitteln des Auslegers. Andere wiederum lassen sich erst im Zusammenhang mit anderen Beobachtungen als Indizien für Aussagen über eine Struktur der erzählten Figuren werten.

Außerdem besteht die kriminalistische Arbeit des Exegeten darin, die Beziehungen der Aktanten untereinander zu erforschen. Welche Hinweise bietet die Erzählung, daß und wie bestimmte erzählte Figuren zueinander in Beziehung gesetzt sind? Wie organisiert der Erzähler die Konstellation der Aktanten? Auch hier müssen die Bezüge zwischen den Personen nicht immer an der Oberfläche des Textes ablesbar sein, vielfach sind Zuordnungen nur in der Tiefenstruktur erkennbar – ohne deshalb freilich für die Interpretation einer Erzählung unerheblicher zu sein.

Wie für den Kriminalkommissar kann es auch für den Exegeten hilfreich sein, sich die Konstellation der beteiligten Erzählfiguren sichtbar zu machen (Wer wirkt auf wen ein? – Wer steuert wen in seinem Verhalten? – Wer ist von wem abhängig? etc). Das kann am einfachsten durch ein Pfeildiagramm geschehen, in dem die unmittelbar sichtbaren wie verborgenen Bezüge der Aktanten (Aktantenkonstellation) anschaulich werden.

2.3.2.3 Die Ebene des literarischen Kunstprodukts

Wie wird erzählt? – Auf diese Frage haben schon die Beobachtungen zur Aktantenkonstellation und zum Plot der Erzählung hingewiesen. Unter dieser Fragerichtung sind nun all diejenigen Aspekte zu versammeln, welche die Form der Erzählung – despektierlich gesprochen ihr „Strickmuster" – zu analysieren versuchen. Dieser synchrone Auslegungsschritt nimmt die semantische, syntaktische und stilistische Oberflächenstruktur eines erzählenden oder eines nicht erzählenden Textes in Blick. Um herauszufinden, wie das Gewebe eines Textes „gestrickt" ist, muß der Exeget immer und immer wieder den ihm vorliegenden Text auf Leseauffälligkeiten hin durchsehen und diese – zunächst ungeordnet – sammeln. Dazu ist es fraglos notwendig, jedes Wort (im Urtext sogar jeden Radikal) buchstäblich mehrfach „umzudrehen", den Text gleichsam immer wieder „abzuhorchen" und – frei vom klischeehaften Sinn des Wortes – zu meditieren.

Wie erzählt wird, läßt sich zunächst gar nicht objektiv beschreiben, da die Charakterisierung eines Erzählstils sehr stark von der subjektiven Wahrnehmung des Lesers abhängt. Was ein heutiger Leser als „knapp" und „straff erzählt" qualifiziert, kann zu seiner Entstehungszeit durchaus „normaler" Erzählton gewesen sein, der sich keiner besonderen Auffälligkeiten verdächtig gemacht hätte. Es reicht also kaum aus, bloß den eigenen Eindruck zu notieren, den eine Erzählung auf mich macht. Ich muß diesen vielmehr durch Beobachtungen auch anderen gegenüber begründen und zudem mit Erzählstücken, die einen vergleichbaren Eindruck machen, in Korrelation bringen können.

Geht man von der Erzählforschung aus, die sich an – im weitesten Sinne des Wortes – modernen Erzähltexten orientiert, so unterscheidet Eberhard Lämmert zwischen „*einlässigem*" und „*knappem*" Erzählen (Eberhard Lämmert, Bauformen des Erzählens, Stuttgart, 8.Aufl. 1991, S. 32). Die Bestimmung beider läßt sich durch das Verhältnis von „erzählter Zeit" zu „Erzählzeit" erzielen: „Der nächstliegende, neutrale Maßstab für die Erzählzeit ist dabei die Seiten- und Zeilenzahl, die einem Geschehen von bestimmter Erstreckung gewidmet ist" (S.32). Mit der Entscheidung des Erzählers, „einlässig" oder „knapp" zu erzählen, setzt er zugleich Akzente, er hebt ausgewählte Erzählpassagen hervor, die für das Gesamtverständnis des Textes von erheblicher Bedeutung sind. Mit dieser Art von Akzentsetzungen sind zugleich Phasen im Erzählfluß angezeigt, die wiederum für eine Segmentierung des Textes wichtig sind.

Entscheiden Sie, welche Textpassagen Sie als „knapp", welche Sie als „einlässig" qualifizieren würden. Vergleichen Sie also die Seiten- bzw. Zeilenzahl, die die Erzählung einem Geschehen von bestimmter zeitlicher Erstreckung widmet und formulieren Sie aus dieser Relation heraus ihr Urteil.
Vergleichen Sie die so qualifizierten Textpassagen mit den von Ihnen bereits markierten Erzähletappen. Decken sich beide Ergebnisse im Blick auf eine Aufteilung der Erzählung in einzelne Erzählschritte miteinander?

Im Sinne der Erzählforschung lassen sich zudem zwei Grundarten des Erzählens konstatieren, die auch in alttestamentlichen Texten durchaus greifbar sind: die *„Episodenerzählung"* und die *„mehrgleisige Erzählung"* (Eberhard Lämmert, Bauformen des Erzählens, Stuttgart, 8.Aufl. 1991, S.39). Während die eine einen inhaltlich abgeschlossenen Ausschnitt, eine spezielle Geschichte referiert (etwa die Episode von der Erprobung Abrahams – Gen 22), versucht die andere, mehrere Erzählfäden parallel zu führen und untereinander zu verbinden (etwa die Thronfolgeerzählung – 2 Sam 11-20 und 1 Kön 1-2). Freilich können in einer mehrgleisigen Erzählung soviele Episodenerzählungen stecken wie Figürchen in einer russischen Babuschka-Puppe, wichtig aber ist es, sich über den Charakter der jeweils vorliegenden Erzählung zu Beginn seiner Arbeit Rechenschaft zu geben.

Handelt es sich bei der Ihnen vorliegenden Erzählung um eine „Episode" oder um eine „mehrgleisige Erzählung"? Während die Episode einen ausgewählten, in sich abgeschlossenen Erzählvorgang darstellt, wird die mehrgleisige Erzählung durch andere Erzählstränge unterbrochen und anschließend weitergeführt.

Das dem Exegeten vorliegende Material bleibt zunächst aber einzig und allein der Text – und die Sätze, Wörter, Buchstaben, aus denen er gewoben ist. Die synchrone Betrachtung der Form eines Textes muß dieses Material sorgfältig in Hinsicht darauf prüfen, was es für eine Interpretation des Textes austrägt. Dabei darf niemand erwarten, daß jede Leseauffälligkeit, jede Beobachtung gleich den großen Interpretationsentwurf bereitstellt – auch in der Exegese muß man viele Frösche küssen, bis der erwartete Prinz vor einem steht.

Odil Hannes Steck empfiehlt, zunächst „frei schweifende Beobachtungen" (Odil Hannes Steck, Exegese des Alten Testaments. Leitfaden der Methodik, Neukirchen-Vlyn, 13. Auflage 1993, S. 9) beim Übersetzen bzw. Lesen des Textes zu machen und diese zu notieren. Das kann wichtig und hilfreich sein, um erste Eindrücke festzuhalten, die hernach mit den Ergebnissen der differenzierteren Textbetrachtung verglichen werden können. Andererseits aber birgt dieser Vorschlag die Gefahr, sich – gerade als Anfänger – zu sehr zu verzetteln und am Ende zwar viele Beobachtungen aber keine systematisch aufeinander aufbauende Analyse mehr vor sich zu haben. Am besten arbeiten Sie sich in der Analyse des Textes systematisch (es muß nicht in der Ihnen hier nahegelegten Reihenfolge geschehen!) unter einem jeweils bestimmenden Blickwinkel vor und notieren sich vorerst die Beobachtungen, die für einen anderen Blickwinkel wichtig, im Augenblick aber noch nicht gefragt sind. Vielleicht legen Sie sich auch eine Schlagwortkartei – geordnet nach den einzelnen Analyseschritten – an, in der Sie „Seitenbeobachtungen“ notieren. Wie in anderen Wissenschaften auch lohnt es sich, den Untersuchungsgegenstand systematisch einzelnen Analyseschritten zu unterziehen. Für die synchrone Fragestellung nach der Form eines Textes könnte der erste Analyseschritt darin bestehen, die Satzstruktur unter die Lupe zu nehmen.

2.3.2.3.1 Satzebene (Syntax)

Bis auf den Sillûq [:] als Kennzeichen des Versendes innerhalb des masoretischen Textes kennt das Hebräische keine Satzzeichen. Das bedeutet, daß die Übersetzerin, der Übersetzer entscheiden muß, wie die Satzgrenzen verlaufen. In den Übersetzungen ist diese Vorentscheidung also schon getroffen. Das bedeutet andererseits aber auch, daß manchmal mehrere Sätze der deutschen Übersetzung eine im Hebräischen zusammenhängende Äußerungseinheit abbilden. Dieser Sachverhalt ist sowohl bei synchronen als auch bei diachronen Analyseverfahren in Rechnung zu stellen.

2.3.2.3.1.1 Erzählteil oder Redeteil?

Das erste Unterscheidungsmerkmal, das eine Gruppierung der Sätze eines Textes ermöglicht, bietet die Entscheidung, ob es sich bei dem jeweils vorliegenden Satz um Elemente des Rede- oder Erzählteils handelt. Der Wechsel zwischen vordringlich erzählend und vordringlich monologisch geprägten Teilen einer Erzählung bestimmt auch deren Baustruktur. So lassen sich beispielsweise die beiden Kapitel der sogenannten „Kundschaftererzählung“ (Num 13-14) schon aufgrund der Beobachtung gegeneinander abheben, daß Num 13 stärker erzählend, Num 14 hingegen stärker dialogisch gestaltet ist – eine Tatsache, die für die Komposition dieser Erzählung grundlegende Bede utung gewinnt.

Bevor Sie die syntaktische Struktur eines Satzes näher bestimmen, betrachten Sie seine Umgebung, seine Herkunft gleichsam. Stammt er aus einem Erzähl- oder einem Redeteil der Erzählung?

2.3.2.3.1.2 Satzbaustrukturen und Vertextungsstrukturen

Neben dieser eher oberflächlichen Entscheidung zwischen Erzähl- und Redeteilen hat die Syntaxanalyse ein tiefergehendes Anliegen. Das Hebräische kennt bekanntermaßen zwei Satzarten: Verbalsätze und – anders als im Deutschen – Nominalsätze. Während die Nominalsätze gewöhnlich das Subjekt voranstellen und auf die Kopula mitunter sogar verzichten, werden Verbalsätze entweder mit Affirmativkonjugation (AK) oder Präformativkonjugation (PK) gebildet. Eine gute Arbeitsübersetzung läßt diese Unterschiede in der Satzkonstruktion noch erkennen. Gerade in der jüngeren Forschung (vgl. J.Tropper, AOAT 240, Ss. 491-516) ist im intertextuellen Vergleich betont worden, daß die Pkו immer an erster Position steht, die AK hingegen nicht. Das Inversionspaar Pkו-x und x-AK bilden bei Frank Matheus die „Primärstruktur“. „Unter diesem Begriff versteht die Sprachwissenschaft das Erzählgerüst, den »objektiven« Rahmen einer erzählten Handlung“ (Frank Matheus, Hebräische Studiengrammatik, Münster 1997, S. 75). Die Ausprägung Pk+ו gehört demgegenüber zur Sekundärstruktur, die im Gegensatz zum Narrativ stärker vom persönlichen Erleben geprägt ist und die eigene Bewertung einfließen läßt, darüber hinaus aber auch modale, kausale und andere Aspekte betont. Diese Form findet sich vor allem in poetischen und lyrischen Texten, aber auch in direkter Rede. Für die exegetische Arbeit an Texten ist es vor allem wichtig, auf die Abfolge der Satzarten zu achten. Je nach Regelmäßigkeit bzw. Unregelmäßigkeit weist die Abfolge auf Brüche (oder positiv gesagt: Nähte) im Text hin. Darüber hinaus zeigen sie Akzentsetzungen des Erzählers an, lassen die Dramatik einer Szene oder die Emphase einer Rede zur Sprache kommen.

Ein Beispiel für eine regelmäßige Erzählstruktur nach dem Modell des oben angesprochenen Inversionspaars bietet etwa Gen 22,1:

(1a) Und es *geschah* <u>nach diesen Dingen</u>, diesen besagten:
(1b) und <u>Gott</u> *versuchte* den Abraham

Demgegenüber fällt die unregelmäßige Syntax in 1 Kön 21,11-12 als Abweichung von besagtem Inversionspaar auf:

(11) Und es *taten* <u>die Bürger seiner Stadt, die Ältesten und die Erhabenen</u>, welche in seiner Stadt wohnten, wie geschickt hatte zu ihnen Isebel, wie geschrieben war in den Briefen, welche sie ihnen geschickt hatte.
(12) [x] Sie riefen aus ein Fasten, und sie ließen sitzen den Nabot an der Spitze des Volkes.

Natürlich kann eine solche Abweichung auch durchaus kunstvoll eingesetzt sein, um einen bestimmten Akzent in den Text einzutragen, die Aufmerksamkeit des Lesers zu wecken und einen Erzählabschnitt zu dramatisieren. In diesem Fall stellen sich solche Abweichungen vom zu erwartenden Erzählfluß als „syntaktische Schocker" (Hans-Peter Müller) dar.

Anders als Sie es also vielleicht von der Lektüre und Interpretation literarischer Texte im Deutschunterricht kennen, geht es bei der Auslegung alttestamentlicher Texte wirklich darum, genau zu beobachten, wie die einzelnen Sätze gebaut sind, ob ein Verb oder ein Nomen an erster Position des Satzes steht, welche Wörter wie oft und in welcher Kombination verwendet sind. Hinzu kommt, daß nicht nur der einzelne Satz von dem vorhergehenden, sondern darüber hinaus auch die weiteren Folgesätze voneinander durch eine „ununterbrochene Ersetzungsbeziehung" (Hans-Werner Eroms) abhängen. Pronominalsuffixe ersetzen dabei vorangegangene Subjekte und Objekte und schaffen über die damit angezeigten Beziehungen – in hebräischen Texten besonders häufig – das Textgewebe. Der durch Pronominalsuffix geschaffene Rückbezug muß im einen oder anderen Fall aber diskutiert werden: Auf wen oder was in den voraufgegangenen Sätzen bezieht sich das „sein" bzw. „ihr" zurück?

2.3.2.3.1.3 Objektstrukturen

Zur syntaktischen Struktur gehört natürlich auch der übrige Aufbau des Satzes – es geht nicht nur um die Satzeröffnung. Beispielsweise ist die Art der Objektbildung nicht unerheblich (Aus wievielen Elementen besteht das Objekt? – Welche Objektformen begegnen innerhalb des Satzes: Genitiv, Dativ oder Akkusativ?) Manchmal kann auch eine kleine syntaktische Statistik Hinweise für die Interpretation austragen: Welche grammatischen Strukturen treten innerhalb der Sätze gehäuft auf: Infinitive, Partizipialkonstruktionen, Affirmativkonjugationen, Präformativkonjugationen, etc? – Das mag zunächst wenig anschaulich erscheinen, wenn sich auf diesem Wege beispielsweise aber zeigt, daß eine Erzählung, die sehr umständliche, komplizierte Aktanten zeichnet, zu allem Überfluß noch vordringlich aus Partizipialkonstruktionen gebaut ist, beginne ich zu ahnen, welch eine diffiziele und organische Gestalt der vorliegende Text hat.

Freilich ist nichts gewonnen, wenn Sie die syntaktische Struktur eines Satzes zwar konstatieren und analysieren, daraus aber keinen Hinweis auf eine Interpretation des Textes zu präparieren imstande sind. Deshalb ist es wichtig, sich beständig zu fragen und dies auch für sich festzuhalten: Was trägt diese Beobachtung für eine mögliche Interpretation des Textes aus?

2.3.2.3.2 Wortebene (Lexematik)

Nichts gibt wohl mehr Auskunft über das literarische Niveau eines Textes als die Wortwahl, die Fähigkeit oder das Unvermögen, Worte differenziert und kunstvoll einzusetzen, einen Sachverhalt bewußt so und nicht anders auszudrücken. Da wir keine „native speakers" des Hebräischen sind, fallen uns viele indirekte Anspielungen und Bedeutungsnuancen kaum auf, die freilich in einer Übersetzung erst recht nicht mehr zu erspüren sind. Deshalb ist es für einen Exegeten wichtig, dem etymologischen Hintergrund eines Wortes ebenso nachzugehen wie dem Gebrauch eines bestimmten Wortes in diesem und anderen Texten.

Grundsätzlich lassen sich für die Untersuchung der Wortebene zwei Analyserichtungen nennen: eine intertextuelle und eine intratextuelle Untersuchungsrichtung. Der intertextuelle Vergleich untersucht das Vorkommen eines Wortes oder einer Wortgruppe in verschiedenen, miteinander zu vergleichenden Texten. So läßt sich beispielsweise das auffällige Vorkommen des Wortes „*der* Ort" in den beiden Texten Gen 22 und Gen 28,10-22 konstatieren. Die intratextuelle Analyse nimmt Vorkommen, Bedeutung und Funktion eines Wortes innerhalb eines Einzeltextes in den Blick. Sie untersucht zum Beispiel die Rolle des häufig vorkommenden Verbums „gehen" in Gen 22 oder konstatiert, daß ein bestimmtes Verbum zu Beginn und Ende eines Textes vorkommt und diesen wie einen Rahmen umgibt.

2.3.2.3.2.1 Intratextuelle Analyserichtung

Die intratextuelle Untersuchung der Wortebene eines erzählenden oder nichterzählenden Textes zielt auf das Erkennen von Strukturen hin, die durch den Einsatz wiederkehrender Worte und Wortpaare erreicht werden. Der Blick des Exegeten sollte darum auf die Spur jedes einzelnen Wortes gehen: Wie oft wird es innerhalb des Textes wiederholt? – Verbinden sich mit ihm wiederkehrende Motive? – Wie verhalten sich die konstatierten Etappen der Erzählung zu den Beobachtungen auf der

Wortebene: Rahmen bestimmte Stichwortentsprechungen einzelne Etappen ein?

Deuten bestimmte Worte oder Wortgruppen auf den Beginn bzw. das Ende einer Erzähletappe hin? – Verbinden sich über Stichwortentsprechungen (auch weit auseinanderliegende) Erzähletappen miteinander?

Ein Begriff ist in diesem Zusammenhang schon gefallen, der bei der Analyse der Wortebene eines alttestamentlichen Textes – gerade im Hinblick auf eine daraus ableitbare Kompositionsstruktur – eine wichtige Rolle spielt: die „Stichwortentsprechung“. Sie bezeichnet eine in altorientalischen und alttestamentlichen Texten sehr viel häufiger als in modernsprachlichen Texten begegnende Eigenart, Lexeme und Wendungen an Schaltstellen des Textes zu wiederholen, die für seine Interpretation bedeutsam sind. Stichwortentsprechungen begründen zu einem großen Teil auch das Kompositionsverhältnis einzelner Textbausteine zueinander. Wird ein Wort oder eine Wendung in genau derselben Weise wieder aufgenommen, sprechen wir von einer „analogen Stichwortentsprechung“. Werden ein Wort oder eine Wendung verändert aufgenommen, ergänzt oder in irgendeiner Weise verkürzt, sprechen wir von einer „variierten Stichwortentsprechung “.

Beide Formen der literarischen Figur „Stichwortentsprechung“ konstituieren Beziehungen im Text, die wiederum strukturbildend wirksam werden.

„Der Leitwortstil“, schreibt Paul Deselaers, „ist eine besondere stilistische Technik, die sich theologisch relevanter Vokabeln bedient, welche jeweils Akzente setzen und an strukturell signifikanten Stellen begegnen. Damit ‘leiten’ diese Vokabeln jeweils zu einem erkennbaren Hauptanliegen zurück und gestalten den Erzählstoff zu einem geordneten und beziehungsreichen Gesamtzusammenhang. Entscheidend ist jedoch die verbindende Funktion des Leitwortes. Und zwar stiftet es Beziehungen zwischen Szenen, die auf der Geschehensebene scheinbar zunächst wenig in Kontakt stehen, und verzahnt diese zu einem vielschichtigen Gesamtgeflecht, in dem die tieferen Handlungszusammenhänge reliefartig aufscheinen“ (Paul Deselaers, Das Buch Tobit. Studien zu seiner Entstehung, Komposition und Theologie, OBO 43, Freiburg/Göttingen 1982, S. 344).

Stichwortentsprechungen können darüber hinaus als Schlüsselworte die Deutung eines Textes zu erschließen helfen. Sie sind gleichsam die Signale, die der Text als unübersehbare Einladung zu seiner Deutung selber setzt.

Ein Beispiel für eine solche Stichwortentsprechung läßt sich etwa zwischen Gen 28,11b und 18a konstatieren:

11b Und er nahm von den *Steinen* des Ortes, *stellte* sie sich *zu Häupten auf* und schlief an besagtem Ort.
18a Und es erhob sich Jakob am Morgen, nahm den *Stein*, den er sich *zu Häupten aufgestellt* hatte ...

Dabei stellt das wieder aufgenommene Stichwort „Stein" in Gen 28,18a eine „variierte Stichwortentsprechung" dar (Wechsel vom Plural zum Singular, von unbestimmter zu bestimmter Determinanz!), während die Aufnahme der Wortgruppe „aufstellen" und „zu Häupten" als analoge Stichwortentsprechung zu qualifizieren ist. (Vgl. Thomas Meurer, „...dann bleib ich dort mein Leben lang". Überlegungen zur Theologie des Ortes in Gen 28,10-22, Glauben leben 73 [1997] H.4, Ss. 102-106).

Stichwortentsprechungen können auch innerhalb eines Verses begegnen. Sie lassen dabei nicht selten schon ein Strukturmuster erkennen, das für die Interpretation des Textes hohe Relevanz hat, wie etwa Ps 124,4-5 und 7 zeigt:

4 Dann hätte das *Meer* uns ertränkt,
der Wildbach hätte *überspült* unser <u>*Leben*</u>,
5 dann hätte *überspült* unser <u>*Leben*</u>
das überschäumende *Meer*.
7 Unser <u>*Leben*</u>: wie ein Vogel *entschlüpft*
aus dem *Klappnetz* des Fallenstellers;
Das *Klappnetz* zerbrach,
und wir *entschlüpften*.

Hier bilden die analogen Stichwortentsprechungen in Ps 124,4-5 (Meer//überspült/Leben – überspült/Leben//Meer) und in Ps 124,7 (entschlüpft/Klappnetz – Klappnetz/entschlüpft) einerseits jeweils eine Ringkomposition, sie sind andererseits aber auch über die Stichwortentsprechung „Leben" (נפש–*näfäsch*) noch einmal miteinander verbunden. (Vgl. Thomas Meurer, „Das Netz zerbrach, der Vogel ist frei..." – Ps 124, Dienender Glaube 70 [1994] H.9, Ss. 248-251).

Über Stichwortentsprechungen lassen sich also auch kompositorische Gegebenheiten eines Textes erkennen und verfolgen. Zunächst aber gehören Stichwortentsprechungen in den Kontext jener literarisch-stilistischen Figuren, die einen Text zum Kunstwerk machen. Solche rhetorischen oder sprachlichen Figuren bestimmen das literarische Niveau eines erzählenden oder nichterzählenden Textes. Wenn auch nicht alle Stilfiguren hier genannt werden können, so sollen hier zumindest die häufig vorkommenden Erwähnung finden. Umfassendere Auskünfte finden sich bei Walter Bühlmann/Karl Scherer, Sprachliche Stilfiguren der Bibel. Von Assonanz bis Zahlenspruch. Ein Nachschlagewerk, Gießen, 2.Aufl. 1994, dem auch die nachfolgende Auswahl entnommen ist. Natürlich muß auch hier berücksichtigt werden, daß sich viele Stilfiguren nur im Urtext erkennen lassen (daher hier teilweise in Umschrift wiedergegeben).

Verzeichnis häufiger sprachlicher Stilfiguren

Alliteration	Wiederholung der gleichen Buchstaben, Laute oder Silben in mehreren aufeinander folgenden Worten	*mah-matoq midd^{e}basch umäh 'az me'^{a}ri* (Ri 14,18) – Was ist süßer als Honig und was ist stärker als der Löwe?
Paronomasie	Wiederholung gleichlautender Wörter (erweiterte Alliteration)	*ki-himru 'imre-'el* (Ps 107,11) – Denn sie trotzen den Worten Els
Figura etymologica („inneres Objekt")	Konstruktion eines intransitiven Verbes mit einem Objekt, die beide auf den gleichen Wortstamm zurückgehen	(Gen1,11) – Es lasse die Erde Grünes grünen: Pflanzen, die Samen samen.
Gemination	Verdoppelung eines Begriffes in gleicher Form und Bedeutung	*jom jom* (Gen 39,10) – Tag für Tag; Gen 22,11 – Abraham, Abraham!
Anapher	Wiederholung ein und desselben Wortes am Anfang aufeinanderfolgender Sätze	Spr 3,27ff – Nicht verweigere Gutes…, nicht sprich zum Nächsten: Geh…, Nicht plane…
Ploke (Inklusio)	Dasselbe Wort eröffnet und schließt einen Satz	Ri 5,24 – Gesegnet unter den Frauen sei Jael, die Frau des Keniters Cheber, unter den Frauen im Zelt (sei sie) gesegnet.
Hendiadyoin	„Eins durch zwei" – Eine Bedeutungseinheit wird in zwei gleichgeordneten Begriffen ausgedrückt	Gen 3,16 – Ich mache deine Mühsal und deine Schwangerschaft sehr groß.

Pleonasmus	Anfügen eines zweiten Begriffs, der die Grundaussage nicht verändert	Jer 20, 15 – Ein Kind, ein Knabe ist dir geboren.
Parallelismus (Parallelismus membrorum)	Zweigliedrige Aussage, in denen die Dinge den Dingen, die Worte den Worten entsprechen	Num 21,28 – Denn Feuer ging von Chesbon aus, die Flamme von der Burg Sichons.
Chiasmus	Eine Form des Parallelismus, bei dem die Begriffe im zweiten Membrum in umgekehrter Reihenfolge stehen	*schopek dam ha'adam ba'adam damo jischschapek* (Gen 9,6) – Wer vergießt Blut von Menschen, durch Menschen sein Blut wird vergossen
Anastrophe (Inversion)	Die übliche hebräische Wortstellung (Prädikat – Subjekt) wird verlassen zur Hervorhebung des Subjekts	*hannachasch hischschi 'ani* (Gen 3,13) – Die Schlange ist es, die mich betrogen hat.
Prolepsis („Vorwegnahme“)	Ein Subjekt oder Objekt wird im übergeordneten Satz vorweggenommen	Gen 1,4 – Und Gott sah das Licht, daß es gut war.
Parenthese	Durchbrechung eines Satzgefüges durch einen anderen Satz	Ex 5,16 – Und Ziegel, sagen sie zu uns, sollt ihr machen.
Ellipse	Auslassung eines oder mehrerer notwendiger Wörter innerhalb eines Satzgefüges	1 Sam 20,16 – Und Jonatan schloß mit David (*einen Bund*).
Zeugma	Ein auf zwei Objekte oder Subjekte bezogenes Verbum paßt nur zu einem der beiden	Est 4,1 – Er hüllte sich in Sack und (*streute*) Asche (*auf sich*).

Asyndese	Das verbindende Wort (Kopula, Konjunktion, Relativpronomen) fehlt zwischen gleich-, über- oder untergeordneten Wörtern und Satzteilen	Jes 14,5 – JHWH hat den Stab (*und*) das Zepter der Herrscher zerbrochen.
Klimax („Steigerung“)	Aufzählung, die sich in eine bestimmte Richtung entwickelt (weiter, enger, stärker, schwächer werden)	Gen 12,1 – Zieh fort aus deinem Land, aus deiner Verwandtschaft und aus deinem Vaterhaus
Metapher	Zwei unterschiedlichen Begriffen bzw. Bildern zugrundeliegende Inhalte werden miteinander verglichen	Gen 49,9 – Ein junger Löwe ist Juda
Metonymie	Ein Wort wird anstelle eines anderen eingesetzt, zielt aber auf das semantische Feld des angezielten Wortes	Gen 3,15 – Feindschaft will ich stiften zwischen dir und der Frau, zwischen deinem Samen (i.e. Nachkommenschaft) und ihrem Samen.
Synekdoche (Pars pro toto)	Indem ein Teil angesprochen wird, ist zugleich das Ganze mit gemeint. Umgekehrt jedoch kann auch das Ganze für den Teil stehen	Gen 19,8 – Sie haben sich unter den Schatten meines Balkens (i.e. Haus) begeben
Hyperbel	Übertreibung einer sich in einem Sachverhalt nahelegenden Bewegungsrichtung	Gen 11,4 – Ein Turm, dessen Spitze bis zum Himmel reicht.
Merismus	Eine Gesamtheit wird durch zwei oder mehrere ihrer wesentlichen – oft polaren – Teile beschrieben	Ps 8,8f – Schafe und Rinder allzumal, dazu auch die Tiere des Feldes, die Vögel des Himmels, die Fische im Meer…

Katachrese	Steht in einer Sprache für eine Sache kein eigenes Wort zur Verfügung, so wird ein Begriff eingesetzt, der mit der Sache eine gewisse Ähnlichkeit hat	*ga'on* (Am 8,7) – „Höhe" für „Stolz"; *chemah* (Gen 27,44) – „Hitze" für „Zorn"
Antonomasie	Ein Merkmal oder eine Tätigkeit einer bestimmten Person oder Sache wird anstelle ihres Namens genannt	Jes 24,23 – Es errötet die strahlende Weiße (i.e. der Mond), es schämt sich die Glut (i.e. die Sonne)
Kenning	Zweigliedrige oder mehrgliedrige Umschreibung von Personen oder Sachen	Ps 22,1 – Hindin der Morgenröte (i.e. aufgehende Sonne)
Euphemismus	Anstößige und tabuisierte Wörter werden durch harmlose oder entgegengesetzte Wörter ausgedrückt	Gen 24,2 – Lege deine Hand unter meine Hüfte (Genital); Ijob 1,9 – Segne (Fluche) Gott und stirb!
Litotes	Untertreibend wird weniger gesagt, als wirklich gemeint ist; oftmals geschieht dies durch die Negation des Gegenteils	Jes 10,7b – Zu tilgen ist seine Absicht und auszurotten nicht wenige Völker.
Erlebte Rede	Als eine Spielart der Ironie steht die „Erlebte Rede" zwischen direkter und indirekter Rede. Sie schildert in ironischer Weise einen der Realität entgegenstehenden Sachverhalt als ernste Äußerung.	2 Sam 14,4ff – Auf mir, mein König, ruht die Schuld [...] der König aber ist schuldenfrei.
Aischrologie	Durch besondere Wortverbindungen werden planvoll Assoziationen an anstößige Wörter erstellt oder diese expressis verbis genannt	2 Sam 2,8 – *'isch boschät* („Mann der Schande") für *'isch ba'al* (Mann des Baal)

Weitere Hinweise zu literarisch-stilistischen Figuren und Gestaltung s-mitteln finden sich auch bei Heinrich Lausberg, Elemente der literar i-schen Rhetorik, Ismaning, 10.Aufl. 1990.

Wenn Sie sich zumindest einige dieser ausgewählten literarischen Stilmittel einprägen, werden Sie diese in vielen alt- und neutestamentlichen Texten wiedererkennen können. Im Augenblick mag Ihnen das vielleicht etwas umständlich und überflüssig vorkommen, für Exegeten gehört die Beherrschung einer solchen Begrifflichkeit aber zum notwendigen Instrumentarium. Auch beim Einkaufen ist es ja hilfreicher, den Produktnamen zu kennen, als zu umständlichen Beschreibungen ausholen zu müssen: „Ich hätte gern diese längliche, graugrüne Packung mit roter Aufschrift und blauen Punkten... “.

2.3.2.3.2.2 Intertextuelle Analyserichtung

Neben diesen intratextuellen Untersuchungen auf der Wortebene finden sich aber auch noch die Analysen intertextueller Art. Dieses Vergleichsverfahren untersucht das vorkommen analoger bzw. variierter Stichwortentsprechungen zwischen unterschiedlichen Texten bzw. Textgruppen. Wenn etwa in einem Text das Verbum עלה (hinaufziehen, hinaufsteigen) vorkommt, so untersucht das intertextuelle Vorgehen das Vorkommen dieses Verbums in anderen Texten und ihre Bedeutung in diesem Kontext. Dazu dienen Exegeten hebräische (Even-Shoshan, Lisowsky, Mandelkern), griechische (Hatch/Redpath) und deutsche (Zürcher Bibel-Konkordanz, Konkordanz zur Einheitsübersetzung) Konkordanzen (vgl. auch die Hinweise in der Literaturliste) als Hilfsmittel, die ein Aufspüren der Parallelstellen ermöglichen. In letzter Zeit dienen dazu immer mehr auch computergestützte Recherchemittel (beispielsweise http://starwww.uibk.ac.at/theologie/theologie-de.html oder http://www.hbz-nrw.de).

2.3.2.3.3 Buchstabenebene

Das Hebräische ist ein überaus geniales Sprachsystem. Alle Verben und Nomina in ihren unterschiedlichen Bildungen lassen sich auf eine drei- (in seltenen Fällen vier-)radikalige Stammform zurückführen. Damit ist aber zugleich klar, daß viele Wörter eines Textes auf einer tieferen Ebene zusammenhängen oder zumindest doch zwischen einigen Wörtern

Beziehungen auf Radikalebene zu knüpfen sind. Es versteht sich von selbst, daß sich solche Verbindungslinien nur im Urtext ziehen lassen. Die Kenntnis des Alefbets dürfte allerdings auch schon hinreichen, um an einer Interlinearübersetzung entsprechende Beobachtungen machen zu können.

Ein Beispiel für eine solche Beziehung auf einer tieferen Textebene bietet sich etwa im Eröffnungskapitel der Joseferzählung. Nach der betonten Nennung des Namens Josef (יוסף) unmittelbar nach der Toledot-Formel (אלה תלדות יעקב) in Gen 37,2 begegnet in Gen 37,9 die 3.Pers.Pl. PK von יסף Hiph., was den die gesamte Erzählung durchziehenden Konflikt der Brüder mit Josef thematisiert. Sowohl der Name (V.2) als auch das Verbum (V.9) gehen auf dieselbe Stammform zurück. Insofern sind der Hauptprotagonist der Joseferzählung und der sich im Verbum ausdrückende Anlaß des Konflikts der Brüder unterschwellig miteinander verbunden.

Ein weiteres Beispiel eröffnet sich dem Leser auch bei näherer Betrachtung der sogenannten „Gotteskampfepisode" in Gen 32,23-33. Der Name Jakob und der Fluß Jabbok, an dem das Erzählgeschehen situiert wird, lassen selbst in der deutschen Übersetzung noch eine lautliche und auf der Buchstabenebene zu ziehende Verbindung untereinander erkennen, die keinesfalls zufällig ist. Darüber hinaus lassen beide Namen auch einen engen Bezug zu dem direkt in V.25 begegnenden Verbum אבק (*'abaq* – kämpfen) zu, das ja wie ein Eingangsthema das Grundmotiv der Erzählung antönt.

2.3.3 Kompositionskritik – die planvolle Komposition eines Textes

Zum Fragenkreis nach der Form, nach dem „Wie" des Erzählens, nach Aufbau und Struktur eines literarischen Kunstwerks gehört in erster Linie die Erarbeitung der Kompositionsstruktur eines erzählenden bzw. nichterzählenden Textes.

„Es ist keine Frage", schreibt der Tübinger Alttestamentler Hartmut Gese, „daß für die Interpretation geformter Texte die Komposition, der bewußt durchgeführte Aufbau des Textes, eine Bedeutung ersten Ranges hat. Wie Wortwahl und Stil dient die Komposition dem unmittelbaren Ausdruck des Inhalts und ist mehr als bloß eine Äußerlichkeit" (Hartmut Gese, Komposition bei Amos, Congress Volume Vienna 1980, VTS XXXII, Leiden 1981, S. 74).

Der Begriff „Kompositionskritik" bezeichnet in den alttestamentlichen Einleitungswissenschaften leider nicht immer ein und dieselbe Auslegungsrichtung. So sieht etwa Georg Fohrer (Exegese des Alten Testaments. Einführung in die Methodik, Heidelberg/Wiesbaden, 5.Aufl. 1989, S. 139) das Anliegen der Kompositionskritik darin, zu klären,

„wie die Teile des Textes, die literarkritisch voneinander geschieden werden mußten, zu der jetzt vorliegenden Form der Einheit zusammengefügt worden sind." Für Fohrer bekommt die Kompositionskritik demnach den Rang eines diachronen Analyseschrittes oder erfolgt zumindest doch im Anschluß an diese. – Für unsere Belange soll „Kompositionskritik" aber ein synchrones Auslegungsverfahren bezeichnen, das nach dem planvollen Aufbau des vorliegenden Textes als „Jetzttext" fragt, also ungeachtet seiner möglicherweise nachweisbaren Erzähl- und Redaktionsschichten. Der Begriff „Komposition" zielt damit auf eine Erfassung der Textkohärenz ab:

„Als Struktur eines Textes wird das Netz oder die Summe der Beziehungen zwischen den Elementen des Textes verstanden [...]. Unter hermeneutischer Rücksicht ergibt sich aus diesem strukturalistischen Ansatz die Aufgabe, den Sinn des Textes vor allem im Text selbst zu suchen, d.h. in den Beziehungen zwischen den Elementen des Textes" (Wilhelm Egger, Methodenlehre zum Neuen Testament. Einführung in die linguistische und historisch-kritische Methode, Freiburg 1987, S. 30).

Die Erarbeitung der Kompositionsstruktur eines Textes geht also davon aus, daß ein literarisches Kunstwerk nicht planlos zusammengestellt worden ist, sondern vielmehr einem planvoll organisierten Aufbau folgt, der sich dem Leser nicht unmittelbar eröffnet, allenfalls über gezielte Beobachtungen erschlossen werden kann. Nicht zuletzt aufgrund dessen gibt es nicht *die* ein für allemal herausgefundene Kompositionsstruktur eines Textes, sondern unterschiedliche denkbare Möglichkeiten seines Aufbaus. Plausibiliät können freilich nur die Kompositionsmodelle für sich beanspruchen, die ihren Vorschlag auf einer möglichst breiten Basis an Einzelbeobachtungen und Leseauffälligkeiten begründen können und die sich durch eine ausgewogene Zuordnung der einzelnen Kompositionsteile als Baustruktur des Textes wahrscheinlich machen lassen. Selbst wenn der Vorschlag einer Kompositionsstruktur sehr überzeugend klingt, ist nicht gesagt, ob sich nicht noch ein differenzierteres oder gar ein völlig anderes Kompositionsmodell finden läßt.

Natürlich bildet die Beobachtung einer Stichwortentsprechung zwischen dem ersten und dem letzten Vers eines Textes noch keine Kompositionsstruktur. Um Bauteile einer Komposition einander zuordnen zu können, sind mehr Beobachtungen und Argumente vonnöten. Vor allem aber bedarf es eines entscheidenden vorbereitenden Schritts, der bisher nur angedeutet wurde: der Segmentierung des Textes.

2.3.3.1 Segmentierung eines Textes

Was in einem vorgängigen Analyseschritt in der Herausarbeitung einzelner Erzähletappen geschehen ist, bildet nun die Grundlage für den verfeinerten Schritt der Segmentierung eines Textes. Ging es bei der Festlegung der Erzähletappen um inhaltlich wahrnehmbare Erzählgrenzen, die maßgeblich auf meinen Leseeindruck zurückgehen, so handelt es sich bei der Einteilung des Textes in Textbausteine um formal erkennbare Textgrenzen, die mit einer Vielzahl von Einzelbeobachtungen am Text zu begründen sind. Damit deutet sich schon an, daß die herausgearbeiteten Erzähletappen nicht zwingend mit den im Text sichtbar werdenden Textgrenzen übereinstimmen müssen. Tatsächlich können die Lesewahrnehmungen eines Erzählverlaufs und die vom Text selber gesetzten Signale seines Aufbaus durchaus unterschiedlich sein. Wie bei einem Film nehme ich zunächst auch hier die chronologisch hintereinander erinnerbaren Etappen des Plots war („Zunächst war da… – Und dann kam… – Später hingegen…“), analysiere ich den Text aber genauer, erkenne ich Schnitte, Ein- und Ausblendungen, die nur noch teilweise mit meinem erinnerten Erzählgerüst zu tun haben. Beide Elemente gehören zum kunstvollen Aufbau eines Textes – die eine Blickrichtung ist sozusagen rezeptionsästhetisch daran orientiert, was ich gehört, gelesen, gesehen habe, während die andere kompositionsästhetisch nach dem fahndet, was der Text selber an Strukturhinweisen, Gliederungssignalen und Grenzmerkmalen bietet.

Es geht der Segmentierung eines Textes als synchronem Analyseschritt freilich nicht um die Zergliederung eines organischen Textgebildes, vielmehr verfolgt sie das Ziel, den Text auf sinnvolle Erzählschwellen abzuhorchen, auf Textgrenzen, die eine Strukturierung des literarischen Kunstwerkes ermöglichen.

Wenn Sie bei einem chronologischen Lesen des Textes schon Erzähletappen in den Text eingetragen haben, so können Sie nun prüfen, inwieweit die Schwellen, die Sie als Leser wahrgenommen haben, auch Textgrenzen bezeichnen, die der Text selber nahelegt. Bei einer Filmanalyse fällt dies zumeist sehr viel leichter, da die Grenzen zwischen den einzelnen Erzählblöcken im Film sehr viel deutlicher (etwa durch scharfe Schnitte) sichtbar werden als in Printmedien. Bei der Textanalyse bedarf es weitaus eingehenderer Beobachtungen, um zu entscheiden, an welchen Stellen der Text Grenzen, Schwellen und Nähte vorsieht.

2.3.3.1.1 Beginn und Schluß eines Textes

Zunächst aber gehört zur Segmentierung die Bestimmung von Beginn und Schluß einer Erzählung. Das ist keineswegs selbstverständlich, denn die heute in der Bibel befindliche Gliederung in Textabschnitte gehen auf keine der jeweiligen Abschriften oder gar eine der Urtext-Fassungen zurück. Sie stammen vielmehr von Stephan Langton († 1228), dem späteren Erzbischof von Cantherbury. Die Überschriften, die in den jeweiligen Übersetzungen den Textabschnitten beigegeben sind, verdanken sich darüber hinaus dem jeweiligen Übersetzergremium oder in Einzelfällen gar den Editoren einer Übersetzung. Die Segmentierung in Textabschnitte ist also ein nachträglich an Übersetzungen des hebräischen Textes vorgenommener Gliederungsvorschlag, wenngleich auch schon in der hebräischen Bibel Texteinteilungen (Setuma und Petucha) vorzufinden sind. Aufgabe des Exegeten ist es also auch, die Ausdehnung eines Textes im Zusammenhang der ihn umgebenden Texte gut begründet zu bestimmen.

Bevor Sie daran gehen, einen Text zu segmentieren, also seine Textbausteine zu bestimmen, müssen Sie Beginn und Ende des jeweiligen Textes untersuchen und benennen. Beginn und Ende bilden gleichsam die Rahmensegmentierung, die einen Text aus seinen Umgebungstexten „herausschneidet“:

– Was steht unmittelbar vor dem Text?
– Was steht unmittelbar nach dem Text?
Diese Rahmensegmentierung kann nicht bloß „nach Gefühl“ festgelegt werden, sie bedarf einer Vielzahl begründeter Beobachtungen aus der Blickrichtung der Umgebungstexte wie des zu analysierenden Textes selber.

Die Begründung der Ausgrenzung eines Textes aus dem Gesamt der ihn umgebenden Texte muß dabei immer gleichsam „von außen“ und „von innen“ erfolgen. Von außen – will sagen: aus den Beobachtungen der den vorliegenden Text umgebenden Textgruppen; von innen – bedeutet: aus den Lesewahrnehmungen des vorliegenden Textes selber. Ein zu analysierender Text muß sich also einerseits aus der Perspektive seiner Umgebungstexte, andererseits aus seiner eigenen Perspektive heraus als eigenständiger, in sich abgeschlossener Text ausweisen lassen. Freilich heißt das nicht, daß die umgebenden Texte mit dem umgebenen Text in keinerlei Beziehung stehen dürfen – im Gegenteil werden sich vielfach deutliche Bezugnahmen aufeinander finden lassen; wohl aber bedeutet das, daß der umgebene Text einen so eigenständigen Einsatz, einen so abgeschlossenen Inhalt und einen so rundenden Abschluß aufweist, daß dieser als ausgrenzbare Einheit verstanden werden kann. Die jeweils umgebenden Texte müssen demgegenüber einerseits *vor* dem umgebenen Text erzählerisch abgeschlossen sein oder zumindest doch sistieren, andererseits aber *nach* dem umgebenen Text einen neuen Erzählbogen eröffnen oder einen sistierten Erzählfluß weiterführen.

Beispielsweise läßt sich Gen 22,1-19 sowohl aufgrund „innerer“ als auch „äußerer“ Gründe als erzählerisch ausgrenzbare Einheit ansehen. Zunächst schließt Gen 21,34 nämlich die in Gen 21,22 eröffnete Erzählbewegung ab, indem das Verweilen Abrahams als Fremdling im Philisterland als ein lang andauernder Zustand (ימים רבים – viele Tage) charakterisiert wird. Das distanziert einerseits vom in Gen 21,22-34 erzählten Inhalt, verschiebt die Erzählebene zudem auf eine Ruhephase (vergleichbar dem bekannten Märchenschluß „Und wenn sie nicht gestorben sind, dann leben sie noch heute ...“), die Gen 21,22-34 sowohl abschließt als auch für eine neue Episode vorbereitet. Auf der anderen Seite eröffnet Gen 22,20 einen neuen Erzählbogen durch die erzähltechnisch „januskopfig“ zu nennende Einleitung ויהי אחרי הדברים האלה – Und es geschah nach diesen besagten Dingen ...), die das in Gen 22,1-19 Erzählte einerseits als abgeschlossen charakterisiert und zugleich zur Erzählung eines neuen Geschehens ansetzt. – Neben diesen „äußeren“ Begründungen lassen sich auch „innere“ Beobachtungen anführen. Gen 22,1-19 wird durch dieselbe Erzähleröffnung eingeleitet, die auch schon in Gen 22,20 begegnete: ויהי אחר הדברים האלה. Damit ist zugleich ein Signal gesetzt, daß hier ein eigenständiger Erzählkomplex einsetzt, der sich vom vorgängig Erzählten deutlich abhebt. Dies wird zudem durch den Aktantenwechsel sichtbar: Während in Gen 21,22-34 Abimelech und Abraham das Feld beherrschen, tritt in Gen 22,1 plötzlich Elohim als Protagonist auf. Weniger eindeutig gibt sich der Erzählschluß in Gen 22,1-19. Die Diskussion entzündet sich dabei vor allem an der Rolle von Gen 22,15-19. Bilden diese Verse den Abschluß der Erzählung oder läßt sich die Namengebungsnotiz des Ortes in Gen 22,14 als abschließende Erzählnotiz werten, zumal mit dem Wechsel aus der erzählten Welt in die Welt des Erzählers (אשר יאמר היום – weswegen gesagt wird noch heute ...) eine deutliche Absetzung vom bisher Erzählten erzielt wird? Andererseits fällt auf, daß das sich dann anschließende Erzählanhängsel Gen 22,15-19 Elemente aufnimmt, die sozusagen aus der „Haupterzählung" herrühren. In Gen 22,19 nämlich werden die beiden Knaben (נער) wieder erwähnt, die Abraham in Gen 22,3 mit auf den Weg nimmt und in Gen 22,5 zurückläßt, um mit Isaak allein weiterzugehen. In Gen 22,19 schließt sich also dieser Kreis. Hinzu kommt, daß Gen 22,19 Abraham wieder nach Beer-Scheba zurückkehren läßt, ihn damit aber wieder dort ansiedelt, wo auch schon die vorausgegangene Episode Gen 21,22-34 ihn wissen wollte. Insofern leistet Gen 22,19 nicht nur den Abschluß der Erzählung, vielmehr wird der Leser damit zugleich wieder auf das Informationsniveau zurückgeführt, das er in Gen 21,34 verlassen hat.

Wenn Sie die kleiner gedruckten Ausführungen zu Gen 22 lesen, werden Sie feststellen, daß Sie sich schon mitten in einer exegetischen Diskussion über die Ausdehnung einer für den Pentateuch und das Gottesbild des Alten Testaments sehr bedeutsamen Erzählung befinden. Natürlich bilden die hier mitgeteilten Beobachtungen nur die Spitze des Eisbergs – das Problem der Ausgrenzung von Gen 22,1-19 aus den sie umgebenden Texten müßte sehr viel ausführlicher diskutiert werden, als es hier geschehen kann und soll. Sie werden aber gesehen haben, daß die Ausdehnung eines Textes nicht immer so einfach zu bestimmen ist, wie es bei einem oberflächlichen Blick in eine Bibelübersetzung aussehen mag. Schwieriger noch wird die Diskussion der Textausgrenzung bei nichterzählenden Texten (also Texten aus Prophetenschriften etwa), da hier die Kriterien einer konsequenten Führung der Erzählbögen als unmittelbar einsichtiges Begründungsfeld nicht mehr greift und Sie stattdessen noch vordringlicher auf die Beobachtung thematischer Abgeschlossenheiten, syntaktisch-semantischer Rahmungen und in sich gerundeter Bildkomplexe angewiesen sind.

2.3.3.1.2 Segmentierungen, Segmente, Segmentkomplexe

Nachdem die Ausdehnung eines Textes begründet festgelegt ist und sein Beginn und Schluß weitgehend plausibel gemacht sind, geht es darum, den zu analysierenden Text selber auf seine einzelnen Textbausteine hin zu überprüfen. Um deutlich zu machen, worauf es der Segmentierung ankommt, ließe sich vielleicht der Vergleich mit einem Schloßgarten des Barock anstellen. Diese ausgeklügelten Gartenanlagen bilden ja ein umhegtes Ganzes aus vielerlei – zum Teil recht unterschiedlichen – Elementen. In der synchronen Überschau, im „Survey“ gleichsam, kann ich diese Elemente gegeneinander abheben: Dieser Bereich hat vordringlich heimische Gewächse, jener dagegen ist ein wenig auf „exotisch“ gemacht. Zudem werden beide durch einen kleinen Wassergraben voneinander getrennt. Im Laufe meiner weiteren Betrachtungen würde ich sicherlich immer mehr Gründe und Auffälligkeiten finden, die beiden Teile gegeneinander abzuheben. – So ist es auch mit der

„Landschaft“, die mir der Text bietet. Dabei handelt es sich um ein seltsam ambivalentes Verfahren, das ich als Exeget da vornehme: Einerseits nämlich analysiere ich ja den Text unter Rücksicht auf seine von ihm selbst gesetzten Gliederungssignale, andererseits aber entscheide ich auch, welches Gliederungsmerkmal mir vordringlicher erscheint, welches mehr Auffälligkeit für sich beanspruchen kann.

Gehen Sie den vorliegenden Text sorgfältigt durch und versuchen Sie, Signale aufzuspüren, die Hinweise auf Textgrenzen geben. Nicht jede Textgrenze hat immer schon segmentierende Wirkung. Vielfach bieten solche sekundären Segmente aber Anhaltspunkte für eine Mikrostrukturierung. Die Abwägung der durch Feinsegmentierung gewonnenen Textgrenzen sowie die Zusammenfassung der sekundären (tertiären etc.) Segmente zu übergreifenden Segmentkomplexen eröffnen die Makrostrukur des Textes.

Wie schon angedeutet, gibt es Segmentierungen erster, zweiter, dritter etc. Ordnung. Nicht jede Naht, nicht jede Grenze bietet einen solch tiefen Einschnitt in den Text, daß damit zugleich zwei Textelemente gegeneinander abhebbar werden. Dennoch ist es wichtig, neben den entscheidenden Textnähten erster Ordnung auch die sekundären Segmentierungen wahrzunehmen und zu notieren. Sie ermöglichen mir vielleicht später, die Komposition eines abgegrenzten Textteils noch näher zu beleuchten.

Betrachten Sie etwa eine Erzählung wie Gen 28,10-22, so liegt der Text zunächst als ein weites Feld vor Ihnen. Sie trauen sich vielleicht gar nicht, hier überhaupt irgendwo Erzählgrenzen ziehen zu wollen – schließlich handelt der Text doch von ein und derselben Erzählhandlung bzw. einem in sich geschlossenen Themenkomplex. Dennoch werden Sie beim Lesen feststellen, daß der Text selber „Absätze" macht, den Erzählfluß gleichsam beruhigt und wieder – in eine andere Richtung vielleicht – beschleunigt. In Gen 28,10-22 liegt so eine erste Erzählschwelle sicherlich in Gen 28,11: Der Erzähler läßt Jakob an besagtem Ort ankommen, dieser richtet sich einen Schlafplatz und schläft ein. Dort können Sie ihn zunächst einmal schlafen lassen, denn der erste Erzählgang, eine Situationsschilderung über Jakobs Zug von Beer Scheba bis zu besagtem Ort, kommt damit – wie Jakob selber auch – zu einem Ruhepunkt. Außerdem verlagert der folgende Vers Gen 28,12 den Erzählinhalt aus der Welt Jakobs in seine Traumwelt hinein. Dieser Traum zieht sich bis Gen 28,15 und hat jene berühmt gewordene Himmelsleiter und eine JHWH-Rede zum Inhalt. Sicher lassen sich auch zwischen Gen 28,12 und 13 sowie zwischen Gen 28,14 und 15 (beidemale mit einem Aufmerksamkeitsruf eröffnet: הנה – Siehe!) noch Segmentierungen und Schwellen feststellen, aber es dürfte dennoch evident sein, daß beide nicht so deutlich hervortreten wie die zwischen Gen 28,11 und 12 sowie Gen 28,15 und 16. Mit Gen 28,16 – der Notiz vom Erwachen Jakobs – werden auch Sie als Leser wieder wach und aufmerksam. Ein neuer Schub kommt in die Erzählung, nachdem der Traum mit der JHWH-Rede erzählt worden ist. Und wieder sehen Sie Jakob am Werk – er denkt zunächst laut über die Qualität dieses Ortes nach, an dem ihm so seltsam geträumt hat, dann richtet er eine Massebe, ein Steinmal auf und gibt dem Ort einen neuen Namen. Mit der Umnamungsnotiz in Gen 28,19 wird sogleich ein neues Textsegment erreicht, denn von all diesen Aktionen Jakobs und von der Umbenennung des Ortes hebt sich nun das Gelübde Jakobs in Gen 28,20-22 fast wie eine nachgetragene Rede zur Aufstellung des Standmals ab. Nun ist es Jakob, der – in Umkehrung des Gelübdes Gottes in der geträumten Rede – JHWH ein Gelübde zuspricht. – Die markierten Segmentierungen lassen in Gen 28,10-22 eine Abfolge von vier Elementen erkennen, die gegeneinander abgegrenzt werden können. Dabei läßt sich die Schwelle zwischen Gen 28,15 und 16 sicherlich als eine Textgrenze erster Ordnung einstufen, die Schwellen zwischen Gen 28,11 und 12 bzw. Gen 28,19 und 20 demgegenüber als Textgrenzen zweiter Ordnung. Die Notiz des Erwachens Jakobs stellt nämlich einen erzählerisch fraglos vorrangigen Einschnitt dar, der dem Erzählverlauf einen neuen Fluchtpunkt eröffnet. Durchaus denkbar ist, daß die solchermaßen gefundenen Textelemente (Gen 28,10-11/12-15//16-19/20-22) jeweils noch einmal Textgrenzen dritter Ordnung erkennen lassen würden. Dem soll jedoch hier nicht nachgegangen werden. (Unter Rückgriff auf Impulse Peter Weimars nähere Hinweise bei Thomas Meurer, Glauben leben 73 [1997] H.4, Ss. 102-106). Die vier Textsegmente stellen sich demnach so dar:

V.10-11	Situationsschilderung/Schlafen
V.12-15	JHWH-Rede in der Nacht
V.16-19	Situationsschilderung/Aufwachen
V.20-22	Jakob-Rede/Gelübde am Morgen

Außerdem sollten Segmentierungen – bei aller Rücksicht auf mögliche Feinstrukturierungen – noch wirkliche Textsegmente erkennen lassen. Ich kann bei einer sehr akribischen Untersuchung sehr leicht in die Gefahr geraten, am Ende einen Text so segmentiert zu haben, daß nahezu jeder Vers ein eigenes Textsegment bildet – ein solches Ergebnis dürfte jedoch eher ironisch in den Bereich einer „Textchirurgie" verwiesen werden und müßte von mir noch einmal kritisch durchdacht werden.

Textgrenzen erster Ordnung sind – das können Sie sich als Grundmaxime einprägen – nicht innerhalb von Redeteilen anzutreffen. Anders gesagt: Entscheidende Schwellen eines Textes sind nicht mitten in der Rede eines Aktanten zu erwarten. Auch im Theater dürfte normalerweise kein Akt und keine Pause mitten in einen Monolog fallen. Natürlich können längere Reden eine eigene Struktur aufweisen, die durch Grenzen sekundärer und tertiärer Art sichtbar werden. Dabei handelt es sich dann aber um „Binnenstrukturen" übergreifender Textsegmente.

Um noch einmal an einem anderen Beispiel deutlich zu machen, worauf es der Segmentierung eines Textes ankommt, können Sie sich intensiver mit Ex 17,1-7 auseinandersetzen. Dieses relativ überschaubare Textstück aus sieben Versen weist eine primäre Textgrenze zwischen V.3 und V.4 auf. Markiere ich diese Textgrenze, zerfällt der vor mir liegende Text in zwei Textsegmente: Ex 17,1-3 und Ex 17,4-7. Für diese Textgrenze lassen sich mehrere Beobachtungen nennen, die durch die drei folgenden repräsentiert sein sollen: 1. Während in Ex 17,1-3 die Aktanten „Volk" und „Mose" miteinander im Gespräch sind, verlagert sich das Gespräch in Ex 17,4-6[7] auf einen Austausch zwischen Mose und JHWH. Ex 17,1-3 bietet demnach eine andere Redesituation als Ex 17,4-7. – 2. Beide auf diese Weise gegeneinander abgegrenzten Textsegmente enden jeweils mit „Volkes Stimme": Und zwar Ex 17,1-3 mit dem Murren gegen Mose in Ex 17,3b; Ex 17,4-7 demgegenüber mit einer indirekten Rede als Zitat des Volkes. Insofern scheinen beide Teile eine analoge Gestaltungsform ihres jeweiligen Schlusses aufzuweisen, was darauf hindeutet, daß beide auch in sich abgerundete Textsegmente darstellen. – 3. Vergleicht man die beiden Redeteile des Mose in Ex 17,2b und Ex 17,4 miteinander, so fällt auf, daß das Subjekt Mose in Ex 17,2b *nach* dem Objekt steht, in Ex 17,4 jedoch regulär *vor* dem Objekt, also unmittelbar nach dem Verb. Läßt sich eine solche Beobachtung auch unterschiedlich auswerten, so steht sie hier für eine akzentuiertere Voranstellung des Subjekts Mose in Ex 17,4, der ja mit seiner Intervention ab V.4 zur handlungsbestimmenden Größe wird. — Freilich lassen sich weitere Begründungsargumente zusammentragen, was aber schon deutlich wird, ist, daß die entscheidende Textgrenze zwischen V.3 und V.4 verläuft. Darüber hinausgehend lassen sich sicherlich – ohne diese jetzt näherhin begründen zu wollen – Segmentierungen sekundärer Art zwischen Ex 17,1-2a und Ex 17,2b ziehen, ebenso zwischen Ex 17,2b und Ex 17,3. Außerdem ist eine Segmentierung tertiärer Art noch zwischen Ex 17,1 und Ex 17,2, sowie eine Segmentierung quartärer Art zwischen Ex 17,1a und Ex 17,1b denkbar. Dabei sind die sekundären Segmentierungen sicherlich für eine Komposition des Textes entscheidend, denn mit jeder dieser sekundären Textgrenzen ändert sich jeweils auch die Aktantenstruktur (Ex 17,1-2a [Volk/Mose]; Ex 17,2b [Mose]; Ex 17,3 [Volk/Mose]). Insgesamt sieht eine mögliche Segmentierung des Textes dann so aus – wie hier die Grenzlinien (je nach Segmentierungsgrad in unterschiedlicher Strichstärke) eingezeichnet sind, können auch Sie in den jeweils von Ihnen zu bearbeitenden Text Markierungslinien eintragen:

1a Und es brachen auf die ganze Gemeinde der Söhne Israels aus der Wüste Sin,
gemäß ihren Aufbrüchen nach dem Munde JHWHs.
1b Und sie lagerten in Refidim,
und (es gab) kein Wasser
zu trinken für das Volk.

2a Und es stritt das Volk mit Mose.
Und sie sprachen:
Gebt uns Wasser,
damit wir trinken können.

2b Und es sprach zu Ihnen Mose:
Was streitet ihr mit mir?
Was erprobt ihr JHWH?

3a Und es dürstete dort das Volk nach Wasser.
Und es murrte das Volk gegen Mose.
Und es sprach:
3b Warum dies,
daß du uns heraufgeführt hast?
Um sterben zu lassen mich und meinen Sohn und mein Vieh an Durst?

4a Und es schrie Mose zu JHWH, sprechend:
4b Was soll ich tun zu diesem Volk da?
Ein wenig nur, (da) hätten sie mich gesteinigt!

5a Und es sprach JHWH zu Mose:
Geh hin vor das Volk
und nimm dir einen von den Ältesten Israels.
5b Und deinen Stock, mit dem du (auf) den Nil geschlagen hast,
nimm in deine Hand
und geh hin.
6a Und siehe, ich stehe vor dir dort auf dem Felsen im/am Horeb
und du sollst an den Felsen schlagen,
so wird herauskommen Wasser

und es wird trinken das Volk.
6b Und es tat so Mose vor den Augen der Ältesten Israels.
7a Und er/man rief den Namen dieses Ortes Massa-und-Meriba,
wegen des Streites der Söhne Israels
und wegen ihres Erprobens JHWH, sprechend:
7b Ist JHWH (nun) in unserer Mitte – oder nicht/Nichts?

Wo immer ich zwischen zwei Versen oder auch innerhalb eines Verses eine Textgrenze wahrnehme und markiere, entstehen Textsegmente, die gegeneinander abzuheben und je für sich weiteren Segmentierungen unterworfen werden können. Umgekehrt lassen sich einzelne, gegeneinander isolierte Textsegmente wiederum zu Segmentkomplexen miteinander verbinden. Der umfassendste Segmentkomplex ist natürlich der zu analysierende Text selber; seine Textsegmente erster Ordnung stellen sich aber – wie eine nähere Betrachtung der beiden Textteile Ex 17,1-3 und Ex 17,4-7 zeigen würde – selber wieder als Segmentkomplexe dar.

Um nun nicht in einem Bezeichnungsdschungel unterzugehen und vollends den Überblick zu verlieren, unterscheidet man zwischen einer Makro- und einer Mikrostruktur des Textes. Unter Mikrostruktur werden alle Beobachtungen und Ergebnisse zu einer Segmentierung sekundärer (tertiärer, etc.) Art versammelt, d.h. der Vergrößerungsgrad der Lupe, unter der ich die Struktur des Textes betrachte, wird besonders groß gewählt, das Sensorium für Erzählschwellen und Textgrenzen reagiert besonders fein. Die Makrostruktur stellt demgegenüber eine Vereinfachung dar, d.h. sie faßt die Segmentierungen sekundärer (tertiärer, etc.) Art zusammen zugunsten übergreifenderer Textsegmente und Strukturen.

Was sind nun Kennzeichen für solche Textgrenzen? – Eine solche Frage muß genaugenommen für jeden Text neu beantwortet werden, denn jeder Text zeigt ja ein eigenes Erzählprofil, dem somit natürlich auch Eigenheiten der Textgrenzen zukommen. Für jeden neuen Text müßten also eigentlich eigene Kriterien entwickelt werden, die eine Entscheidung für Textgrenzen zu begründen imstande sind. Trotzdem lassen sich als gemeinsame Kriterien folgende Merkmale festhalten:

- Textgrenzen können dort vermutet werden, wo Personen neu in die Szenerie eingeführt werden bzw. die Erzählhandlung verlassen (Aktantenwechsel). Dazu gehört nicht selten auch der Sprecherwechsel.
- Oftmals verbinden sich mit Ortswechseln auch Textgrenzen. Diese Ortswechsel verbinden sich zudem mit Itinerarnotizen, die eine Bewegung von bzw. zu einem geographischen Punkt anzeigen.

- Textgrenzen können auch dort gegeben sein, wo ein Erzählbogen erkennbar zu einem Ende geführt wird (durch Ausführungsberichte, Erfüllungsnotizen, Zusammenfassungen, offenkundige Erzählschlüsse, etc).
- Das Ende bzw. der Wechsel eines bestimmten Motiv- oder Vergleichsfeldes kann (vor allem in nichterzählenden, poetischen Texten) auf eine Textgrenze hinweisen.
- Das Aufhören bzw. die Unterbrechung einer ausgeprägten Leitwortstruktur kann Hinweise auf die Eingrenzung von Segmenten geben.
- Das abrupte Ende bzw. der unerwartete Neueinsatz eines Themas gehen zumeist mit dem Abschluß bzw. der Eröffnung eines Textsegments einher.

An diesen wenigen Merkmalen wird wieder deutlich, daß auch Textgrenzen innerhalb eines zu analysierenden Textes in zweifacher Richtung – sozusagen „von außen“ und „von innen“ – begründet werden müssen. Einerseits fällt eine Textgrenze nämlich dadurch auf, daß sie einen Erzähl- bzw. Textverlauf stört, andererseits aber wird sie auch noch einmal dadurch plausibel, daß ein isoliertes Textelement eine innere kompositorische Abgeschlossenheit zeigt, die dieses Segment gleichsam „von innen“ – wie auch schon bei der Bestimmung von Beginn und Schluß eines Textes – gegen seine Umgebungssegmente abgrenzt.

2.3.3.2 Kompositionsstruktur eines Textes

Die Erstellung einer möglichen Kompositionsstruktur hängt mit der Segmentierung eines Textes zusammen wie die beiden Seiten einer Medaille. Während die Segmentierung – wie es in der Methodenliteratur häufig zu lesen ist – den analytischen Auslegungsschritt bildet, stellt die Erstellung einer Kompositionsstruktur den dazugehörigen synthetischen Schritt dar. Auch wenn der Vergleich nicht besonders zutreffend ist, ein wenig hat es schon davon, einen Fön oder ein altes Küchengerät erst völlig auseinanderzubauen und in seine Einzelteile zu zerlegen, um sie dann wieder zusammenzubauen – oft genug mit der Erfahrung eine Schraube übrig zu haben, von der ich nun gar nicht weiß, wo die wohl noch hingehörte. Ob bei einem Elektrogerät oder bei einem Text: ich muß diese Schritte gehen, um zu begreifen, wie sich ihr Aufbau gestaltet. Die analytische Zergliederung ist also unverzichtbar für die synthetische Zusammenfügung.

Wenn Sie den Text also in einzelne Textsegmente zerlegt haben, so kommt es darauf an, zu überprüfen, in welchem Verhältnis die Bausteine zueinander stehen. Manche grenzen sich deutlich voneinander ab, andere zeigen starke Affinitäten zueinander. Auch hier sind wieder Beobachtungen gefordert, die die gegenseitige Abgrenzung wie die Orientierung der Bausteine aufeinander begründen können.

Zu jeder Segmentierung als analytischem Schritt gehört zwingend der synthetische Schritt der Erstellung einer Kompositionsstruktur.
Dazu ist es sinnvoll, sich die herausgearbeiteten Textsegmente zunächst untereinander mit ihren jeweiligen Versausdehnungen aufzuschreiben. Sodann sollten Sie sich die Kennzeichen der jeweiligen Segmente (innere Struktur, Personenkonstellation, Leitworte, etc.) notieren.

– Welche Segmente scheinen zueinander in Beziehung zu stehen?
– Welche Segmente schließen sich gegeneinander ab?

Markieren Sie Ihre Segmente mit fortlaufenden Buchstaben (A, B, C, etc.); wo Sie Entsprechungen und gespiegelte Strukturen erkennen, entsprechend (A', B', C', etc.). Machen Sie sich die Beziehungen der einzelnen Bausteine aufeinander noch einmal mit Verbindungslinien deutlich.

Die Begründung für eine Affinität zweier Textsegmente kann über vergleichbare innere Strukturen, Leitworttechnik, in beiden Segmenten auftretende Personen, äquivalente Anfangssätze, ähnliche Schlußnotizen, etc. geleistet werden. Demgegenüber kann Abgeschlossenheit der Textsegmente gegeneinander durch eine starke kompositorische Fügung innerhalb der jeweiligen Textbausteine, durch ein völliges Fehlen erkennbarer Berührungspunkte, durch kompositorische Verbundenheit mit anderen Textsegmenten, etc. begründet werden.

Geben Sie den einzelnen Textbausteinen eine neutrale Buchstabenbezeichnung (A, B, C, etc.). Wenn Sie den begründeten Verdacht haben – und diesen Verdacht auch wirklich begründen können – daß ein Textsegment zu dem anderen in einem engen Beziehungsverhältnis steht, ja dieses vielleicht sogar mit einigen Akzentverschiebungen das vorausgehende Textsegment spiegelt, so kennzeichnen Sie diese Bausteine mit entsprechenden Buchstabenzeichen (A', B', C', etc.).

Grundsätzlich sind alle Zuordnungen und Kompositionsmuster denkbar. Besonders häufig treten aber konzentrische Formen der Komposition auf, d.h. die einzelnen Textsegmente ordnen sich um ein Zentrum in mehreren Rahmenteilen an. Darüber hinaus ist auch eine gerahmte Struktur relativ häufig, die einen deutlichen Außenrahmen hat, in den zwei parallel angeordnete Segmente eingestellt sind. Aber auch chiastische Anordnungen der einzelnen Textteile treten nicht selten auf, die sowohl gerahmt als auch ungerahmt sein können. Freilich stellen die drei im folgenden präsentierten Kompositionsmodelle nur mögliche Baustrukturen dar – immerhin handelt es sich aber um Kompositionsstrukturen, die so oder abgewandelt in erhöhter Frequenz vorkommen (Für Texte der Bücher Levitikus und Numeri zeigt das etwa Thomas Staubli, Die Bücher Levitikus Numeri, Neuer Stuttgarter Kommentar Altes Testament Bd.3, Stuttgart 1996):

Natürlich will diese Auswahl möglicher Kompositionsmuster nicht so verstanden sein, daß sie in jedem Fall die Erstellung einer Kompositionsstruktur eines zu analysierenden Textes bestimmen muß. Ein Text kann ganz andere Strukturformen und Kompositionsmuster nahelegen.

Prinzipiell gibt es soviele Kompositionsstrukturen, wie es Texte gibt. Sie sind so individuell wie Gesichter oder wie der vielbeschworene „genetische Fingerabdruck“. Alttestamentliche und altorientalische Texte neigen aber dazu, inklusorische und gerahmte Strukturen aufzuweisen. Offenbar scheint die kompositorische Rahmung eines Textes und die inklusorisch verklammernde Anordnung ihrer Textsegmente einem besonderen literarästhetischen Anspruch in der Entstehungszeit der Texte genügt zu haben.

Ein gutes Beispiel für den unmittelbaren Zusammenhang von Segmentierung und Komposition bietet Gen 28, 10-22. Die Segmentierung hatte ja folgende Textsegmente bereitgestellt:

V.10-11	Situationsschilderung/Schlafen
V.12-15	JHWH-Rede in der Nacht

V.16-19	Situationsschilderung/Aufwachen
V.20-22	Jakob-Rede/Gelübde am Morgen

Diese vier Segmente zeigen nicht nur, daß der Text Gen 28,10-22 aus vier gegeneinander abzuhebenden Textbausteinen besteht, sie machen zugleich auch sichtbar, daß diese einzelnen Bausteine zueinander in einer thematischen bzw. erzähltechnisch-stilistischen Beziehung stehen. Nun fällt etwa für das Verhältnis der durch Segmentierung gewonnenen Textteile auf, daß sie zunächst in einem thematisch-parallelen Bezug zueinander stehen. Und zwar bieten sowohl V.10-11 als auch V.16-19 Situationsschilderungen, die in einen bestimmten Erzählbogen einführen und überhaupt die Ebene für die erzählte Handlung bereiten. Zudem sind beide Erzählelemente dadurch miteinander verbunden, daß sie in einer sequentiellen Beziehung zueinander stehen: V.10-11 erzählt vom Einschlafen Jakobs, V.16-19 demgegenüber von seinem Aufwachen. Neben diesen inhaltlichen Bezügen lassen sich jedoch auch zwischen bestimmten Leitworten Stichwortentsprechungen aufzeigen, die beide Segmente augenfällig untereinander verbinden. Neben den Leitworten „Ort“, „Steine“ und „zu Häupten“ ist dabei vor allem das Verbum „aufstellen“ zu nennen. – Wie V.10-11 mit V.16-19 hängt auch V.12-15 mit V.20-22 zusammen. Auch hier lassen sich zunächst inhaltliche Bezüge herstellen. In beiden Segmenten stehen jeweils ausgedehnte Redeteile im Mittelpunkt, die sich beidemale als Gelübdetexte präsentieren. Auffälligerweise nimmt das Gelübde Jakobs in V.20-22 sogar die Selbstvorstellung JHWHs aus V.12-15 bis in die Wortebene hinein („mit mir sein“, „behüten“, „auf dem Weg, auf dem ich gehe“) auf. Zudem hängen beide Segmente dadurch zusammen, daß in V.12-15 JHWH selber sich als Gott Abrahams und Isaaks vorstellt (V.13a). Dieser Selbstvorstellungsformel korrespondiert aber in V.20-22 die Einforderung Jakobs: „[...] so wird JHWH für mich Gott sein“ (V.21a).

Die Erzählstruktur von Gen 28,10-22 könnte nach diesen Beobachtungen also als eine zweiteilige Komposition beschrieben werden, deren beide Teile jeweils wiederum zweigeteilt sind (V.10–11/12–15//16–19/20-22). In einer grafischen Darstellung verbinden sich die vier Segmente wie folgt untereinander:

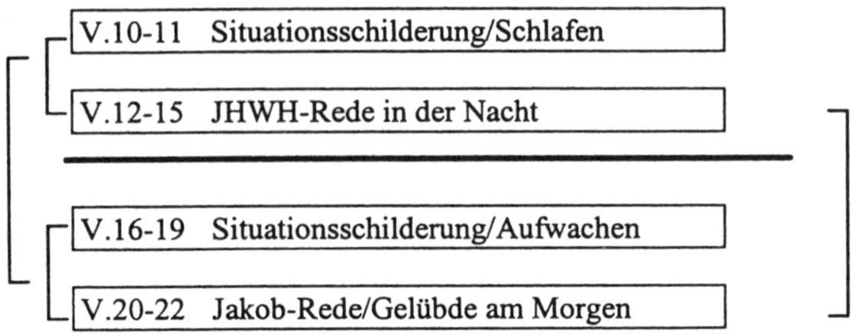

Das Beispiel der Erarbeitung einer Kompositionsstruktur macht deutlich, daß es nicht darum geht, die im Verlauf der Segmentierung gegeneinander abgegrenzten Elemente „irgendwie“ mit- und untereinander zu verbinden. Für jeden Text gilt es vielmehr, eine eigene Systematik zu entwickeln, nach der die Beobachtungen zur Segmentierung und Komposition eines Textes in ein bestimmtes Kompositionsmuster überführt werden können. Was am Kompositionsmuster dieses überschaubaren Textes ebenfalls sichtbar wird, ist die Notwendigkeit einer ausgewogenen Komposition. Die zueinander in eine kompositionelle Beziehung gesetzten Teile sollten also einen einigermaßen gleichgroßen Umfang aufweisen.

2.4. Der Text als gewachsene Größe – Diachrone Betrachtung

2.4.1 „Ein magnetischer Text, der unterwegs andere Bearbeiter angezogen hat“

2.4.1.1 Literarkritik

Es mag zunächst widersinnig und verwirrend erscheinen, einen Text, dessen kunstvolle Komponiertheit man soeben untersucht hat, nun auf inhaltliche und stilistische Brüche, Spannungen und Widersprüche hin zu untersuchen. Sicherlich gehört dieser Wechsel von den synchronen zu den diachronen Betrachtungsweisen zu den größeren und schwierigeren Hürden, die im Laufe einer wissenschaftlichen Beschäftigung mit einem alttestamentlichen Text zu nehmen sind.

Was den Zugang zu einer literarkritischen Betrachtungsweise zu erleichtern vermag, ist sicherlich die Beobachtung, daß ja schon die Argumente für die Festlegung von Erzähletappen und Textgrenzen an inhaltlichen Widersprüchen, Brüchen und Spannungen gebildet wurden. Insofern können zuweilen einmal festgelegte Textgrenzen zugleich auch als erste literarkritische Beobachtungen herangezogen werden.

Die Literarkritik stellt zunächst ein Verfahren dar, um die „literarische Integrität" eines Textes, seine „Kohärenz" zu überprüfen. Die Literarkritik versammelt also alle Auffälligkeiten, die dafür sprechen, daß der zu untersuchende Text nicht „aus einem Guß" gefertigt ist bzw. nicht „auf eine Hand" zurückgeht. Für uns als „moderne" Leser ist es zunächst schwer nachzuvollziehen, daß ein Text nicht von einem Schriftsteller sein soll und Erweiterungen erfahren hat. Wir sind es heute nahezu ausschließlich gewohnt, daß ein Text von einem Autor – oder allenfalls (wie etwa bei dem italienischen Autorenpaar Fruttero & Lucentini) von einem Autorenduo – stammt. In der Antike galt dieses enge Verständnis eines Urheberrechts nicht in gleicher Weise. Hatte ein Text schon eine gewisse Autorität gewonnen, zog er gleichsam wie ein Magnet Bearbeiter an, die ihnen wichtig erscheinende Ergänzungen, die zuweilen origineller und tiefgründiger als der Ursprungstext waren, in den Text einfügten und ihm auf diese Weise ein neues Gesicht unter der alten Autorität gaben. In der Musikgeschichte kommt dieses Phänomen noch etwas häufiger vor als in der Literaturgeschichte: bestimmte Konzerte oder Oratorien, denen Schüler oder Anhänger eines großen Komponisten eine breite Hörerschaft wünschten, wurden unter dem Namen des Meisters verbreitet – zumeist erlosch der vorher grenzenlose Jubel unserer Tage dann auch sehr schnell, sobald man herausgefunden hatte, daß es sich dabei „nur" um eine Schülerarbeit handelte.

Manchmal – ohne daß ich darüber nachdenke – arbeite ich aber beim Schreiben eines Textes ebenso, wie der Schreiber im Israel alttestamentlicher Zeit: Ich baue in einen schon bestehenden Text einen ergänzenden Satz ein, kopiere einen „Textbaustein" in einen anderen Text, verknüpfe zwei Textteile miteinander – allesamt Verfahrensweisen, die im vielbeschworenen „Computerzeitalter" auf einer anderen Ebene der Textverarbeitung wieder aktuell werden. Nicht immer gelingt diese Verbindung so reibungslos, daß es einem aufmerksamen Leser nicht auffallen würde, daß hier unterschiedliche Teiltexte zusammengebunden wurden. Freilich würden wir uns bemühen, die dadurch entstandene mangelnde Kohärenz soweit wie möglich durch Textanpassungen zu beheben. Die den im Alten Testament versammelten Texten vorausliegenden Fassungen galten den Schreibern und Kopisten jedoch als derart sakrosankt, daß eine Veränderung der Überlieferung nicht in Frage kam – allenfalls eine Hinzufügung, die als erweiternde Ausschmückung verstanden wurde. Einem vorhandenen Text etwas redaktionell hinzuzufügen bzw. zwei Texte redaktionell miteinander zu verbinden, galt offensichtlich nicht als wirklicher Eingriff in den Text; dieser Tatbestand war wohl nur dort gegeben, wo Teile des vorliegenden Textes grundlegend verändert oder gar gestrichen worden wären.

Die Literarkritik bildet das analytische Pendant zum synthetischen Verfahren der Redaktionskritik. Sie legt also – wie auf synchroner Ebene die Segmentierung die Kompositionskritik – das Fundament für die Redaktionskritik.

„Weil die Bibel uns nur in schriftlicher Form überliefert ist", schreibt Walter Groß in seinem Artikel „Literarkritik" (Neues Bibellexikon II, S. 648), „stellt die Literarkritik notwendig den ersten Schritt der Analyse des [...] Textes dar. Andererseits kann die literarkritische Analyse erst als gelungen gelten, wenn alle Textstufen bis zur heute vorliegenden Endgestalt des Textes nach Form, Inhalt und literarischer Erzeugung einsichtig gemacht wurden".

Damit deutet Groß aber zugleich schon an, daß die Beobachtungen der Literarkritik noch einmal durch die Ergebnisse der Redaktionskritik zu überprüfen sind. Nicht alles, was auf den ersten Blick als Bruch, Spannung und inhaltlicher Widerspruch wirkt, muß sich auch auf den jeweils gegeneinander abzuhebenden Textebenen noch als solcher erhalten.

Der Namensbestandteil „Literar-" in „Literarkritik" deutet also auf das Wachstum des Textes zu dem heute vorliegenden Stück Literatur hin, es ist nicht bezogen auf die literarische Gestalt des Textes, die ja schon Gegenstand der literarisch-stilistischen Analyse des Textes und der Untersuchung seiner Kompositionsstruktur war (das wäre allenfalls als „Literaturkritik" zu bezeichnen). Natürlich bedingen aber auch hier die Beobachtungen auf der synchronen Ebene durchaus die diachrone Betrachtungsweise.

Zunächst aber geht es darum, alle Auffälligkeiten des Textes zu sammeln, die auf seine mangelnde Einheitlichkeit, seine mangelnde Kohärenz hinweisen.

Die Literarkritik fragt: „Ist der Text ein einheitliches Ganzes, oder weist er Widersprüche und Doppelungen auf?" – Damit untersucht die Literarkritik also die „literarische Integrität" bzw. die „Kohärenz" eines Textes.
Als „einheitlich" kann ein Text oder eine Texteinheit dann bezeichnet werden, wenn sich in ihm bzw. in ihr keine gegenläufigen inhaltlichen Spannungen und/oder störende Wiederholungen auffinden lassen. Als solche Kennzeichen mangelnder Kohärenz gelten u.a.:
- Dubletten
- Spannungen im Wortlaut
- Differenzen auf der Aktantenebene
- inhaltliche Spannungen.
Diese Auffälligkeiten sind im Rahmen der literarkritischen Analyse zunächst einmal einfach nur zu sammeln. Sie bilden im Rahmen der sich anschließenden Redaktionskritik den Ausgangspunkt der synthetischen Vorgehensweise.

Die mangelnde Einheitlichkeit eines Textes vermag sich an einer Reihe unterschiedlicher Phänomene zu zeigen, die im folgenden kurz benannt und skizziert werden sollen. Darüberhinaus liefert natürlich jeder Text eigene, bisher unbekannte Anzeichen, die sich nicht unbedingt in eine der hier vorgestellten Klassifizierung einordnen müssen:

2.4.1.1.1 Dubletten

Von einer „Dublette" (oder auch: „Doppelung") ist dann die Rede, wenn ein und derselbe Inhalt innerhalb eines Textabschnitts zweimal in nahezu identischer Weise formuliert wird. Solche „Dubletten" legen fast immer den Verdacht nahe, daß eine von ihnen auf einen redaktionellen Eingriff in den Text zurückzuführen ist. Eine „Dublette" bezeichnet aber mehr als eine bloße Wiederholung – das könnte schließlich auch ein stilistisches Mittel sein – sie stellt eher eine bewußt an einem vorhergehenden Erzählabschnitt orientierte Parallelgestaltung dar.

Ein Beispiel bietet etwa der Textabschnitt Ri 14,1-9. Als „Doppelung" oder „Dublette" erscheint hier die zweifache Notiz des Herabsteigens nach Timna:

5 Und es stieg herab Simson und sein Vater und seine Mutter nach Timnas hin
[...]
7 Und er stieg herab und redete zu der Frau

Ein weiteres Beispiel bietet Ex 3,7-11, denn dort ist zweimal die Rede davon, daß Gott auf die Not seines Volkes aufmerksam geworden ist: zunächst in V.7 und dann ein weiteres Mal in V.9. Beide nur durch einen Vers voneinander getrennten Verse bieten inhaltlich nahezu das Gleiche.

2.4.1.1.2 Spannungen im Wortlaut

Die Beobachtung unterschiedlicher Begriffe und Wendungen für ein und denselben inhaltlichen Bezugspunkt steht gleichsam an der Wiege der literarkritischen Methode. Schon der Hildesheimer Pfarrer Bernhard Witter entdeckte 1711 den Widerspruch, daß Gen 1,1-2,4 den Gottesnamen Elohim verwendet, während demgegenüber Gen 2,5-3,24 von JHWH redet. Diese literarkritische Beobachtung gab letzthin den Ausschlag, die Existenz zweier eigenständiger Schöpfungserzählungen anzunehmen – dazu bedurfte es aber erst derselben Beobachtungen durch Jean Astruc, den Leibarzt Ludwig XV. (1753), und durch den deutschen Orientalisten Johannn Gottfried Eichhorn (1781).
In ähnlicher Weise geht es bei der literarkritischen Analyse eines Textes darum, die Spannung zwischen unterschiedlichen Wörtern für ein und denselben Sachverhalt wahrzunehmen und entstehungsgeschichtlich auszuwerten.

Auch hier bietet Ex 3,7-11 wieder ein gutes Beispiel:

7 Und JHWH sprach:
Gesehen habe ich das Elend meines Volkes in Ägypten. Und seine Klagen über seine Treiber habe ich gehört, ja, ich kenne seine Leiden.
9 Und nun, siehe, die Klage der Söhne Israels ist vor mich gekommen. Und ich habe die Bedrückung gesehen, welche die Ägypter ihnen auferlegen.

Dort ist in V.7 vom „Elend" des Volkes die Rede, während V.9 von der „Bedrückung" des Volkes spricht. Außerdem wird Israel einmal in V.7 mit „mein Volk" bezeichnet, während in V.9 ausdrücklich von „Söhne Israels" die Rede ist. – Aber Vorsicht! Solche Wortvariationen müssen natürlich nicht immer entstehungsgeschichtlich bedingt sein. Der bewußte Einsatz von Wortvarianten kann vielmehr auch ein Hinweis auf die literarische Höhenlage, das Niveau eines erzählenden oder nichterzählenden Textes sein.

Wie bei jedem exegetischen Methodenschritt geht es auch bei der Literarkritik um die Zusammenstellung von „Bündelargumenten" (Peter Weimar), da einzelne Beobachtungen zu schnell widerlegt werden können. Hier käme als augenfälligstes Merkmal (übrigens schon aus der Reihe der synchronen Beobachtungen zum Erzählaufbau) der im Gesamtzusammenhang als unpassende Wiederholung störende V.9 in den Blick, der mit seiner auffälligen Einleitung fast wie die Eröffnung eines neuen Argumentationsbogens – und insofern zu V.7 in deutliche Konkurrenz tretend – wahrgenommen werden kann.

2.4.1.1.3 Differenzen auf der Aktantenebene

Die Veränderungen auf der Aktantenebene gehören in das weite Feld der inhaltlichen Spannungen, die innerhalb eines Textabschnitts wahrnehmbar sind; sie fallen allerdings in der Regel noch vor diesen auf. Nicht selten erscheinen bzw. verschwinden Handlungsträger in einem Textabschnitt recht unmotiviert, so daß auch hier ein Verdacht auf entstehungsgeschichtlich bedingte Veränderungen anzumelden ist.

Wiederum bietet sich der Textabschnitt Ri 14,1-9 an, hierin vor allem erneut das Verhältnis zwischen V.5 und V.7. Während in V.5 die Eltern Simsons mit ihm nach Timna herabsteigen, steigt Simson in V.7 allein herab. Aber V.5 macht sich literarkritisch vor allem dadurch verdächtig, daß trotz der drei genannten Personen, die nach Timna hinabsteigen, das Verbum in der 3.Pers. Sg. flektiert ist. Offensichtlich stimmen hier Numerus des Verbums und des Substantivs also nicht überein. Ein solcher Sachverhalt deutet häufig auf eine Erweiterung hin, die sich entstehungsgeschichtlich begründen läßt.

Ein weiteres Beispiel bietet die sogenannte „Kundschaftererzählung" (Num 13-14). Unmittelbar an der Grenze des verheißenen Landes sendet Mose Kundschafter aus, das Land hinsichtlich seiner Besiedlungsqualitäten zu prüfen. Während die Kundschafter allein von Mose ausgesandt werden (Num 13,3), kehren sie jedoch zu Mose *und* Aaron zurück (Num 13,26), was sicherlich, hier wie auch an anderen Stellen innerhalb der „Kundschaftererzählung", auf eine redaktionelle Bearbeitung zurückzuführen sein wird.

2.4.1.1.4 Inhaltliche Spannungen

Unter inhaltlichen Spannungen sind im weitesten Sinne all die Auffälligkeiten zu versammeln, die schon auf der bloßen Erzählebene als inhaltlich unvereinbar miteinander wahrgenommen werden. Dazu kann etwa gehören, daß ein erzählter Sachverhalt zunächst diesen, dann aber jenen Ausgang nimmt. Oder: zwei Sachverhalte werden innerhalb ein und desselben Erzählkomplexes einmal so und einmal anders erzählt. Insofern stellen viele Dubletten zugleich oft auch eine inhaltliche Spannung dar.

Als Beispiel für solch eine inhaltliche Spannung kann noch einmal die „Kundschaftererzählung" Num 13-14 herangezogen werden. Auch bei einer zunächst oberflächlichen Lektüre wird dem Leser auffallen, daß die Aussendung der Kundschafter zweimal erzählt wird: zunächst als unmittelbare Erfüllung des in Num 13,2 von JHWH erteilten Auftrags (V.3-16), sodann aber auch noch einmal als eine eher von Mose selber ausgehende Aktion (V.17-20). Letztere Aussendung unterscheidet sich von der ihr vorangehenden Form vor allem durch eine sehr detaillierte Beauftragung der Kundschafter, während die erste Erzählung der Aussendung sich mit einer bloßen Aussendungsnotiz begnügt, dafür aber die Namen der Kundschafter und ihre Stammesabkunft – gemäß der Beauftragung JHWHs – in den Vordergrund rückt. Damit wird aber hier schon eine inhaltliche Spannung erkennbar, die sich mutatis mutandis auch auf das Verhältnis weiterer Erzählabschnitte der „Kundschaftererzählung" zueinander übertragen läßt, in denen jeweils eine sehr rubrizistisch nüchterne Erzählung über die Auskundschaftung des Landes einer stärker auf (im Blick auf die Einnahme des Landes relevante) Details orientierten anderen Erzählweise gegenübersteht. Beide repräsentieren – wie eine weitere Analyse zeigen müßte – auch unterschiedliche entstehungsgeschichtliche Ebenen des Textes.

Neben diesen vier unmittelbar auch an einer Übersetzung auffälligen entstehungsgeschichtlich auswertbaren Signalen können am Originaltext noch feinere Beobachtungskriterien Anwendung finden. So können beispielsweise syntaktische und grammatikalische Auffälligkeiten ausgewertet werden, Unterschiede in Redeweise und Stil (also etwa der Wechsel von Prosa zu Poesie, „konventionellem" zu „kunstvollem" Erzählton) finden Berücksichtigung. Zu guter Letzt spielen natürlich auch noch lexikalische, terminologische semantische Erwägungen eine Rolle. Alle diese feineren Beobachtungskriterien erfordern aber die Arbeit am Originaltext oder zumindest an einer sehr guten Arbeitsübersetzung. Sicher wird auch ein englischsprachiger Leser vor dem Hintergrund seiner Erfahrungen mit der englischen Literatur nicht alle Feinheiten eines ins Englische übersetzten Romans Johann Wolfgang von Goethes wahrnehmen können; umgekehrt wird ein deutschsprachiger Leser mit einem ins Deutsche übersetzten Swift oder Hemingway kaum andere Erfahrungen machen.

Wie jede wissenschaftliche Methode hat auch die Literarkritik ihr eigenen Sprachspiele entwickelt, um häufig wiederkehrende Auffälligkeiten benennen zu können. Wenn Sie sich im Laufe Ihres Studiums intensiver mit biblischen Texten beschäftigen, werden Sie eine Vielzahl solcher Bezeichnungen und Begrifflichkeiten in wissenschaftlichen

Texten finden. Vielleicht lohnt es sich, ein kleines Vokabular anzulegen, in dem Sie häufig wiederkehrende Begriffe verzeichnen. Hier seien zunächst nur vier angeführt:

Nachklappend – Es stellt immer eine gewisse Schwierigkeit dar, Eindrücke und Beobachtungen an einem Text zur Sprache zu bringen, ohne dabei eine Umschreibung zu wählen, die nicht auch mißverständliche Assoziationen weckt. Die Qualifizierung „nachklappend" ist eine solche. Als „nachklappend" werden Verse bzw. Versteile bezeichnet, die in einem nachweislich asyndetischen inhaltlichen wie syntaktischen Verhältnis zum Vorangehenden stehen. „Nachklappend" will sagen: diese(r) Vers(e) bzw. Versteil wirkt/wirken an einen geschlossenen Zusammenhang angehängt, ohne für diesen entscheidend notwendig zu sein. Nachklappenden Versen bzw. Versteilen kommt etwas Deplaziertes zu.

Wiederaufnahme – Das literarkritische Prinzip der „Wiederaufnahme" geht auf den deutschen Alttestamentler Curt Kuhl (Die „Wiederaufnahme" - ein literarkritisches Prinzip?, ZAW 64 [1952] Ss. 1-11) zurück und bezeichnet die Auffälligkeit, daß eine wörtliche Doppelung das Ziel verfolgt, einen Text nach einem längeren Einschub wiederum auf den Erzählstand bzw. das Informationsniveau zu führen, die er durch den umfänglicheren Einschub verlassen hatte. Insofern stellt jede Wiederaufnahme einen redaktionellen Einschub rahmend ein und gilt dadurch – umgekehrt – als sicheres Indiz zur Bestimmung des Umfangs eines redaktionellen Eingriffs im Text. (Beispiel: Ri 14,1a und 14,7a – s.u.)

Nachholung – Als „Nachholung" wird innerhalb der literarkritischen Beobachtungen das Phänomen umschrieben, daß das Ergebnis eines Prozesses zunächst verknappend (gleichsam als Quintessenz) vorangestellt erscheint, der Weg zu diesem Ergebnis aber erst dann erzählerisch „nachgeholt" wird. Ein nachgerade „klassisches" Beispiel bietet die Jonaerzählung. In Jon 3,5 wird zunächst zusammenfassend vermerkt: „Da setzten die Männer von Ninive Vertrauen in Gott, sie riefen ein Fasten aus und zogen Sackleinen an, vom Größten bis zum Kleinsten". Der Prozeß, der zu dieser kollektiven Bußpraxis führt, das Edikt des Königs, wird aber erst in Jon 3,6-10 nachgeholt: „Es gelangte die Rede zum König von Ninive. Er stand von seinem Thron auf, legte seinen Mantel ab [...]. Er ließ ausschreien und sprach in Ninive als Erlaß des Königs und seiner Großen [...]." Solche Nachholungen wie Jon 3,6-10 stellen in aller Regel sekundäre Einschübe dar, die möglicherweise auf den Versuch zurückgehen, ein Erzählgeschehen noch plastischer auszugestalten oder die innerhalb der Grundschicht vielleicht bewußt abrupte Wendung des erzählten Geschehens vermittelnd abzufedern.

Ununterbrochene Ersetzungsbeziehung – Der Begriff der „ununterbrochenen Ersetzungsbeziehung" stammt eigentlich aus der Germanistik, genauer aus der Diskussion darum, was das Gewebe eines Textes zusammenhält. Unter dieser Perspektive wird es für die Literarkritik als Indikator einer gestörten Textkohärenz bedeutsam. Der Begriff selber geht auf den Passauer Germanisten Hans-Werner Eroms (Zur Analyse kompakter Texte, Sprachwissenschaft 7 [1982] Ss. 329-347) zurück. Bezeichnet ist damit letztlich nur eine der Grundbedingungen, die einen Text als zusammenhängend („kompakt", „kohärent") qualifizieren: der durch eine ununterbrochene Ersetzung durch ein Personalpronomen geschaffene Rückbezug auf ein vorgängiges Subjekt oder Objekt. Gerade in hebräischen Texten mit ihrer prominenten Verwendung enklitischer Personalpronomina (EPP) spielt dieses Argument eine gewichtige Rolle zum Aufweis der Kongruenz bzw. Inkongruenz eines Textes.

Die Vorgehensweise der Literarkritik insgesamt ist durchaus wiederum – wie die exegetischen Methoden insgesamt – mit der Vorgehensweise der Archäologie vergleichbar. Auch diese gräbt ja nicht einfach wild drauflos, sie sammelt vielmehr – zunächst synchron – Auffälligkeiten, die auf einen Grabungsertrag hindeuten, und entscheidet sich dann für eine Siedlungskammer, in der eine Probegrabung vorgenommen wird. Die dort zutage geförderten Ergebnisse werden auf eine Gesamthypothese des Grabungsplatzes hin extrapoliert. So auch die Literarkritik: Sie sammelt zunächst die Brüche, Spannungen und Auffälligkeiten, die eine mangelnde Kohärenz des Textes anzeigen und insofern als Indizien für einen Wachstumsprozeß des Textes auszuwerten sind. Sodann versucht sie, an einem überschaubaren Textstück, das durch eine begründete Segmentierung zu isolieren ist, eine entstehungsgeschichtliche Hypothese zu entwickeln, indem zunächst durch die Sammlung literarkritisch bedeutsamer Leseauffälligkeiten Teiltexte gegeneinander abgehoben und diese wiederum (im synthetischen Gang der Redaktionskritik) aufgrund verbindender Kriterien zu redaktionellen Bearbeitungen verbunden werden.

Nach dem Sammeln der Beobachtungen nimmt man dort literarkritische Brüche an, wo zwei oder mehrere Beobachtungen zu einer Stelle auftreten, die sich nicht stilistisch erklären lassen. In einem dritten Schritt werden dann mechanisch die Teiltexte bestimmt, um sie anschließend Schichten zuzuordnen. Winfried Bader, Simson bei Delila. Computerlinguistische Interpretation des Textes Ri 13-16, THLI Bd.3, Tübingen 1991, S. 85

Die Arbeitsweise der (analytischen) Literar- und (synthetischen) Redaktionskritik läßt sich am besten an einem Beispiel zeigen, das hier zwar nicht in aller Ausführlichkeit behandelt werden kann, aber dennoch den Weg sichtbar macht, den die Exegese bei diesem diachronen Analyseverfahren zu gehen hat. – Exemplarisch soll hier ein kleiner Abschnitt aus der Simson-Erzählung (Ri 14,1-9) betrachtet werden:

1a Und es stieg herab Simson nach Timna hin,
1b und sah eine Frau in Timna aus den Töchtern der Philister.
2a Und er stieg herauf
2b und teilte es mit seinem Vater und seiner Mutter.
2c Und er sprach:
2d Eine Frau habe ich gesehen in Timna aus den Töchtern der Philister.
2e Und nun,
2f nehmt die für mich zur Frau!
3a Und es sprach zu ihm sein Vater und seine Mutter:
3b (Gibt es) nicht unter den Töchtern deiner Stammesbrüder
3c und bei meinem ganzen Volk eine Frau,
3d daß du hingehend bist,
3e um zu nehmen eine Frau aus den Philistern, den Unbeschnittenen.
3f Und es sprach Simson zu seinem Vater:
3g Die nimm für mich,
3h denn sie ist (auf)richtig in meinen Augen.
4a Und sein Vater und seine Mutter nicht erkannten,
4b daß von JHWH her sie/es (war),
4c denn einen Vorwand (war) er suchend aus den Philistern.
4d Und in jener Zeit die Philister (waren) Herrschende über Israel.
5a Und es stieg herab Simson und sein Vater und seine Mutter nach Timna hin.
5b Und sie kamen hin zu den Weinbergen Timnas.
5c Und siehe, ein Jungleu, ein Löwe
5d (war) brüllend ihm entgegen.
6a Und es drang über ihn der Geist JHWHs,
6b und er zerriß ihn,
6c wie man zerreißt das Ziegenböckchen,
6d und irgendetwas nicht (war) in seiner Hand.
6e Und nicht teilte er mit seinem Vater und seiner Mutter,
6f was er getan hatte.
7a Und er stieg herab
7b und redete zu der Frau,
7c und sie war (auf)richtig in den Augen Simsons.

8a Und er kehrte zurück nach Tagen,
8b um zu nehmen sie.
8c Und er bog ab,
8d um zu sehen den Aas des Löwen.
8e Und siehe, ein Schwarm Bienen (war) am Kadaver des Löwen und Honig.
9a Und er klaubte ihn auf seine Handteller,
9b und er ging, gehend und essend (zugleich).
9c Und er ging zu seinem Vater und zu seiner Mutter.
9d Und er gab ihnen,
9e und sie aßen.
9f Und nicht teilte er mit ihnen,
9g daß vom Kadaver des Löwen geklaubt war der Honig.

Zunächst einmal gilt: Der Text ist aufgrund der hier nicht mehr in allen Einzelheiten dargestellten Segmentierung gut begründet zu isolieren. Mit „Und es stieg herab Simson nach Timna hin" (14,1a) beginnt ein neuer Erzählbogen, der sich gerade aufgrund der Ortsangabe „nach Timna" deutlich von den Ortsangaben in 13,25bc abhebt. 14,9fg schließt mit der Notiz „Und nicht teilte er ihnen mit, daß vom Kadaver des Löwen geklaubt war der Honig" einen Erzählbogen ab, beruhigt den Erzählfluß, demgegenüber 14,10a wie ein erzählerischer Neuauftakt – übrigens in Analogie zu 14,1a (Gliederungskriterium: „herabsteigen nach"!) – wirkt.

Ohne darauf noch einmal näher eingehen zu wollen, hat die Segmentierung des Textes gezeigt, daß sich Textgrenzen bestimmen lassen, die folgende Segmente bereitstellen: zunächst stehen auf der Ebenen primärer Textgrenzen die Segmente 14,1-4 und 14,5-9 einander gegenüber (Kriterium: Einleitungsnotiz „herabsteigen nach Timna hin"). Auf sekundärer Ebene gliedern sich diese Obersegmente noch einmal in: 14,1-2 (Situationsschilderung [1]/Rede Simsons [2]); 14,3-4 (Rede der Eltern [3]/Situationsschilderung [4]) einerseits und 14,5-6 (Schlußnotiz: „Und nicht teilte er mit...") sowie 14,7-9 (Schlußnotiz: „Und nicht teilte er mit ...") andererseits. Auf der Ebene einer Segmentierung tertiärer Ordnung ließe sich freilich noch kleinschrittiger vorgehen: 14,1; 14,2; 14,3; 14,4; 14,5-6; 14,7; 14,8-9 – aber dies soll hier nicht näher beachtet werden.

Die Literarkritik nun kann ihre Beobachtungen entweder in einem fortlaufenden Text argumentierend und abwägend gegeneinandergestellt präsentieren, sie kann aber auch – das ist v.a. von Vertretern der Richter-Schule (vgl. Wolfgang Richter, Exegese als Literaturwissenschaft. Entwurf einer alttestamentlichen Literaturtheologie und Methodologie, Göttingen 1971) so gehandhabt worden – die Leseauffälligkeiten, die literarkritisch auswertbar sind, einfach zunächst hintereinander gleichrangig sammeln. So kommt z.B. Winfried Bader in seiner Dissertation „Simson bei Delila" (THLI Bd.3, Tübingen 1991) im Blick auf den vorliegenden kleinen Abschnitt Ri 14,1-9 auf über 50 Leseauffälligkeiten. Da dieses Verfahren sehr übersichtlich und systematisch ist, soll es hier im Blick auf die literarkritischen Beobachtungen Anwendung finden. Alle Leseauffälligkeiten (abgekürzt LA) werden nummeriert der Chronologie des Textes folgend dargeboten. Die Zusammenstellung ist keinesfalls vollständig, sondern stellt einen repräsentativen Querschnitt hervorstechender Auffälligkeiten dar.

LA 1: 14,1a/2a präsentieren zwei Bewegungsrichtungen (herab/herauf), die sehr hart und unvermittelt aufeinandertreffen. Das Heraufsteigen zu den Eltern wäre verständlicher gewesen, wenn der Text noch eine ähnliche erzählerische Einlassung geboten hätte, wie sie etwa 14,7 späterhin leistet.
LA 2: Es ist als sehr auffällig anzusehen, daß der Vater Simsons – trotz häufiger Namensnennung in Ri 13 – hier ganz und gar ohne Namen eingeführt ist.
LA 3: Während 14,2d sehr genau auf den Erzählgehalt aus 14,1b zurückgreift, scheint die Bitte Simsons in 14,2f („Nehmt die für mich zur Frau") erzählerisch nicht vorbereitet. Es fehlt also – anders gesagt – die vorausgehende Erzählung eines Beschlusses Simsons, diese Philisterin zur Frau nehmen zu wollen, wie dies in etwa 14,7 bietet (vgl. auch LA 1).
LA 4: Eine inhaltliche Spannung tut sich zwischen 14,2 und 14,3 insofern auf, als 14,2 alle Initiative auf die Eltern verlagert („Nehmt die für mich zur Frau"), während 14,3 die Initiative allein bei Simson beläßt („daß du hingehend bist, um zu nehmen eine Frau").
LA 5: 14,3f-h steht zu 14,2a-3e zusätzlich in einem Spannungsverhältnis, weil 14,3f-h allein den Vater Simsons als Adressaten ansetzt, 14,2a-3e demgegenüber aber Vater und Mutter annimmt.
LA 6: 14,3h („Die nimm für mich") bildet zu 14,2f („Nehmt die für mich") eine Doppelung (Dublette), die in Verbindung mit LA 4 und 5 ein generelles Spannungsverhältnis zwischen 14,3f-h und 14,2 sichtbar macht.
LA 7: 14,3a bietet ein Verb der 3.Pers.Sg., obwohl das Subjekt („sein Vater und seine Mutter") pluralisch ist. Dies kann ein Indiz für eine mögliche Erweiterung darstellen, andererseits aber ist eine solche Form durchaus häufiger im AT anzutreffen und grammatikalisch vertretbar.
LA 8: Der Numerus des Verbs (vgl. LA 7) wird noch einmal unterstrichen durch die Auffälligkeit, daß trotz des pluralen Subjekts in 14,3c singularisch von „meinem Volk" die Rede ist. Das unterstreicht einerseits den Verdacht auf eine mögliche Erweiterung, andererseits lag aber auch schon in Ri 13 häufiger der Fall vor, daß einer der Elternaktanten für beide sprach.
LA 9: 14,4 stellt sich innerhalb dieser kleinen Einheit 14,1-9 als ein überraschend theologischer Kommentar dar. Mehr als das aber fällt 14,4 dadurch auf, daß hier ein Erzählerkommentar vorlegt, mit dem der Erzähler in eine Distanz zu dem bisher Erzählten tritt und – gleichsam aus einer auktorialen Perspektive heraus – das erzählte Geschehen auf JHWH hin transparent macht. Unverkennbar wird damit zugleich ein anderer Erzählton angeschlagen.
LA 10: Innerhalb von 14,4 ist besonders 14,4d noch einmal auffällig. Die Notiz über die Herrschaft der Philister in jener Zeit paßt so gar nicht zum theologischen Gehalt des Verses und scheint sich einzig und allein an der Notiz von der Suche nach einem Vorwand bei den Philistern (14,4c) zu entzünden. Innerhalb der Literarkritik beschreibt man den Eindruck, den solche Vers(teil)e wie 14,4d machen, gern als „nachklappend", d.h. sie sind einem Aussagekomplex nur (inhaltlich oder grammatikalisch-syntaktisch) locker (also: unverbunden) angehängt. Dieser ungewöhnliche Anschluß 14,4d verweist noch einmal auf 13,1und könnte also auch entstehungsgeschichtlich mit diesem Eröffnungsvers zusammenhängen.
LA 11: 14,5a bietet erneut ein Verbum in der 3.Pers.Sg., zu dem das dreigliedrige Subjekt („Simson und sein Vater und seine Mutter") gar nicht passen will. Hier

dürfte der Verdacht naheliegen, daß „sein Vater und seine Mutter" eine nachträgliche Erweiterung ist, von der auch 5b nocheinmal abhängig sein könnte.
LA 12: Bei der ab 14,5c folgenden Löwenkampfszene fehlen die Eltern Simsons gänzlich, so daß sich der Eindruck einer eigenständigen Erzählepisode nahelegt.
LA 13: Mit der Notiz über den über Simson hereindringenden Gottesgeist in 14,6a wird die Löwenkampfszene theologisiert. Auffällig aber ist, daß dieser theologisierende Einschub für ein „Funktionieren" der Erzählepisode letztlich unnötig ist. Der Text bleibt problemlos les- und verstehbar, wenn 14,6a herausfällt.
LA 14: 14,7 steht in auffälliger inhaltlicher Spannung zur Aufforderung an die Eltern, für ihn die Frau zu nehmen. Darüber hinaus bietet 14,7a eine Wiederholung der Thematik vom Herabsteigen Simsons aus 14,1a. In der Sprache der Literarkritik wird dieses Phänomen als „Wiederaufnahme" bezeichnet (vgl. Carl Kuhl, Die „Wiederaufnahme" - ein literarkritisches Prinzip?, ZAW 64 [1952] 1-11), d.h. der Redaktor versucht, mit einer wieder aufgenommenen Formulierung aus dem bisherigen Textverlauf die Ebene der Erzählung wieder zu erreichen, die zuvor schon einmal vorgelegen hat.
LA 15: Die Erkenntnis Simsons, die in 14,7c formuliert wird, ist gleichsam die Voraussetzung, die das Gespräch Simsons mit seinem Vater in 14,3f-h dringend benötigen würde. D.h. aber auch: 14,7c muß vor 14,3 entstanden sein bzw. 14,3h setzt die erzählerische Gegebenheit von 14,7c voraus. Umgekehrt formuliert: 14,3h muß als Bearbeitung verstanden werden, die 14,7c voraussetzt und – aus kompositorischen Gründen? – gezielt wieder verwendet.
LA 16: 14,8 stellt insofern einen Bruch dar, als offensichtlich das erneute Weggehen von Timna nicht erzählt wird, das ja die angesprochene Rückkehr allererst ermöglichen würde. Zu fragen wäre, ob es sich hierbei um einen literarkritisch wahrzunehmenden Bruch handelt oder um eine erzählerisch vertretbare Raffung, die einfachhin die Rückkehr nach Zorah nicht erzählt, um den Erzählinhalt des Zur-Frau-Nehmens um so pointierter darbieten zu können. Also gilt es hier abzuwägen: der Bruch ist – literarkritisch betrachtet – fraglos vorhanden. Gegenfrage: vermisse ich – rein erzählerisch gesehen – etwas, wenn die Rückkehrnotiz ausbleibt?
LA 17: In deutlicher inhaltlicher Spannung zueinander stehen die in 14,8c-9g entworfene Handlung auf der einen Seite und der Themasatz in 14,8ab, der eine nähere erzählerische Ausgestaltung erwarten ließe, auf der anderen Seite.
LA 18: Das durch LA 17 schon angezeigte Spannungsverhältnis zwischen 14,8ab und 14,8c-9g wird noch unterstrichen durch den Widerspruch der Richtungsangaben einerseits in 14,8a und andererseits in 14,9c. Nach 14,8a ist Simson ja zu der philistäischen Frau unterwegs, so daß der plötzliche Richtungswechsel zu den Eltern hin (wo sind die inzwischen abgeblieben?) allerhöchstens als Zielvergessenheit Simsons zu erklären wäre.
LA 20: Vom Verständnis der Verse 14,9ab herkommend wird sich der Leser wohl fragen müssen, was Simson seinen Eltern in 14,9d noch zu essen gibt, da der aus dem Kadaver des Löwen herausgeschälte Honig nach 14,9b ja spätestens bei seiner Ankunft bei den Eltern aufgezehrt sein müßte.
LA 21: Ergänzend zu der in LA 20 wahrgenommenen Widersprüchlichkeit tritt noch die Beobachtung, daß die zweimalige Erwähnung des Gehens in 14,9b und 14,9c als Doppelung (Dublette) ausgewertet werden kann.
LA 22: Die Eröffnung des nachfolgenden Textabschnitts in 14,10a steht gleich in einem doppelten Spannungsverhältnis. Zunächst nämlich paßt das Herabsteigen des

Vaters zu der philistäischen Frau weder zur Eigeninitiative Simsons in 14,7a-8b noch zu den Bedenken Manoahs in 14,3a-3e.

Die hier zusammengestellten wenigen Leseauffälligkeiten zeigen recht unabweisbar, daß der zu analysierende Textabschnitt Ri 14,1-9 wohl keineswegs einheitlich sein kann, da zu viele Kohärenzstörungen die Inkohärenz der Texteinheit belegen.

Die skizzierten Kohärenzstörungen ermöglichen es nun, den Textabschnitt 14,1-9 in Teiltexte einzuteilen, die sich aufgrund der erörterten Brüche, Spannungen und Widersprüche gegeneinander abheben.

Als „Teiltexte" werden diejenigen Teile eines zu analysierenden Textabschnitts bezeichnet, die sich gegeneinander abheben und sich hinsichtlich der Einheitlichkeit des zu analysierenden Textes gegenseitig ausschließen. Sie bilden aber möglicherweise zusammen mit anderen Teiltexten zusammenhängende sinnvolle Einheiten, was auf einen gemeinsamen Ursprung hindeuten könnte (Redaktionskritik). Die Bezeichnung „Teiltexte" darf nicht mit der Bezeichnung „Textteile" verwechselt werden, die ja das Ergebnis der Segmentierung eines Textes darstellen.

> Teiltexte sind der spannungsfreie Text zwischen einem Bruch und dem unmittelbar darauffolgenden Bruch.
>
> Winfried Bader, Simson bei Delila. Computerlinguistische Interpretation des Textes Ri 13-16, THLI Bd.3, Tübingen 1991, S. 85

Die Präsentation der auf diesem Weg erarbeiteten Teiltexte kann auf unterschiedliche Weise erfolgen. Entweder können die gegeneinander abzuhebenden Verse als Teiltexte (T) durchnummeriert werden (T1, T2, T3, ...) oder die Verse werden einfach durch „." voneinander getrennt aufgelistet (1.2.3a-3e.3f-3h ...). Hier sei – zur einfacheren Verständigung – das erste Verfahren gewählt:

T 1: 14,1	**T 7**: 14,5a-5b	**T 13**: 14,8c-9b
T 2: 14,2	**T 8**: 14,5c-5d	**T 14**: 14,9c-9g
T 3: 14,3a-3e	**T 9**: 14,6a	**T 15**: 14,10a-10c
T 4: 14,3f-3h	**T 10**: 14,6b-6f	
T 5: 14,4a-4c	**T 11**: 14,7	
T 6: 14,4d	**T 12**: 14,8a-8b	

Viele Teiltextgrenzen stimmen nun noch einmal mit den Textgrenzen primärer bis tertiärer Ordnung überein, die bei der Segmentierung gegeneinander abzuheben waren. Das bestätigt nicht nur nachträglich die Entscheidung für die entsprechenden Textgrenzen, es stärkt auch noch einmal aus synchroner Perspektive den analytischen Schritt seiner Zergliederung in Teiltexte. Das synchrone Verfahren der Kompositionskritik und das diachrone Verfahren der Literarkritik müssen gleichsam in „gegenseitiger Amtshilfe" zusammenarbeiten.

Nachdem nun alle Verse und Versteile, zwischen denen eine Spannung oder Unvereinbarkeit besteht, als Teiltexte voneinander abgehoben worden sind, beginnt das synthetische Verfahren, zwischen den unterschiedlichen Teiltexten Verbindungen (Stichwortentsprechungen, inhaltliche Ähnlichkeiten, Wiederkehr bestimmter Redewendungen und Aktantenkonstellationen, etc.) zu suchen. Hier wird also ein synchrones Methodeninstrumentarium für ein diachrones Analyseverfahren verwendet – wiederum ein Beleg dafür, daß die einzelnen Schritte systemisch zusammenhängen, anstatt systematisch hintereinander „abgehakt" werden zu können.

Verbindungen lassen sich etwa schon sehr schnell zwischen T5 und T9 erkennen. In beiden Teiltexten werden theologische Anspielungen bzw. Deutungen in den Text eingebracht, die versuchen, das ganze Erzählgeschehen mit JHWH in Verbindung zu bringen. Zusammenhängend zeigen sich auch T2, T3 und T14. Alle drei Teiltexte versuchen, die Eltern Simsons pointierter ins Spiel zu bringen. Diese Bewegung läuft der eher auf die Eigeninitiative Simsons bedachten anderen Erzähllinie des Textes diametral entgegen. T1, T11 und T12 bilden anscheinend ebenfalls eine gemeinsame Erzähllinie, und zwar diejenige, der es um Kennenlernen der philistäischen Frau durch Simson und seine Entscheidung, sie zur Frau zu nehmen, zu tun ist. Sehr schön rundet sich das Bild vom „Sehen" der Frau in T1 zum „Für-Gut-Befinden" in den Augen Simsons in T11. Entstehungsgeschichtlich betrachtet setzt T4 wohl diesen Komplex voraus, wird also vermutlich nach T1, T11 und T12 in den Text gelangt sein. Die Löwenepisode sowie die damit zusammenhängende Honigepisode wird aus T8, T10 und T13 gebildet sein. Allerdings scheint die Spannung zwischen den Begriffen „Jungleu" und „Löwe" in T8 (14,5c) darauf hinzudeuten, daß die Honigepisode T13 nachträglich an die Löwenepisode angehängt worden ist.

Die Präsentation der möglichen Zusammenhänge sei hier abgebrochen – es können in diesem Kontext ohnehin nur wenige Linien skizziert werden. Schon jetzt aber zeigt sich: In dem Textabschnitt Ri 14,1-9 scheinen zumindest vier unterschiedliche Hände am Werk gewesen zu sein. Neben einer Grundschicht (T1, T11, T12) scheint es eine „Eltern-Erweiterung" (T2, T3, T9 [?], T14) zu geben, die die Eltern, von denen Ri 13 nahezu ausschließlich handelt, stärker einzubinden versucht. Vor oder nach dieser kommt eine „Löwen-Erweiterung" (T8, T10, T 13) hinzu, die in sich vielleicht noch einmal entstehungsgeschichtlich zu differenzieren wäre. Eine weitere Bearbeitung hat mit T5 und T9 offensichtlich versucht, diesen Text theologisch zu erweitern und damit die Akzente von Simson weg auf JHWH zu verschieben. Wie gesagt: Es ist durchaus denkbar, daß sich die Entstehungsgeschichte noch weitaus differenzierter darstellt. Die an diesem Ausschnitt gebildete Hypothese müßte jetzt am Gesamttext der Simson-Erzählung überprüft und näher spezifiziert werden.

Als Grundschicht – welcher die Literarkritik ja immer auf der Spur ist – zeichnet sich somit für 14,1-9 die aus T1, T11 und T12 gebildete Einheit ab.

1a *Und es stieg herab* Simson nach Timna hin,
1b und sah eine Frau in Timna aus den Töchtern der Philister.
7a *Und er stieg herab*
7b und er redete zu der Frau,
7c und sie war (auf)richtig in den Augen Simsons.
8a Und er kehrte zurück nach Tagen,
8b um zu nehmen sie.

Diese Grundschicht hat nun noch einen „Schönheitsfehler", der sich jedoch recht schnell beheben läßt. Die neuerliche Notiz vom Herabsteigen in 14,7a stellt gegenüber 14,1a eine Doppelung dar. Diese Dublette stellt aber nichts anderes als das „klassische" Merkmal der „Wiederaufnahme" dar (vgl. Curt Kuhl, Die „Wiederaufnahme" - ein literarkritisches Prinzip?, ZAW 64 [1952] 1-11). Die „Wiederaufnahme" verfolgt das Ziel, einen Text nach einer umfänglichen Erweiterung wieder auf den Erzählstand zurückzuführen, der durch die Bearbeitung unterbrochen wurde. Anders gesagt: die „Wiederaufnahme" will die durch die Erweiterung entstandene Inkohärenz des Textes weitestgehend abzufedern versuchen. Die durch die „Wiederaufnahme" entstandene Verklammerung umschließt gleichsam genau den Einschub, den die Erweiterung hinzugefügt hat. Damit gilt auch: 14,7a stammt also vermutlich von demjenigen Bearbeiter, der auch für den zwischen 14,2a und 14,6f eingeschobenen Teiltext (zumindest teilweise) verantwortlich ist.

Die nahezu chirurgisch arbeitende Literarkritik gehört zum schwerstverständlichen und schwerstvermittelbarsten Kapitel der Methodenlehre. Spannend empfindet man Literarkritik und die literarkritischen Diskussionen wohl erst dann, wenn man sehr lange und sehr intensiv mit dem Text umgegangen ist.

Wenn nun auch ein entstehungsgeschichtliches Modell für den Textabschnitt Ri 14,1-9 gefunden ist, die diachrone Betrachtung ist damit noch lange nicht am Endpunkt angekommen. Redaktions-, Form- und Traditionskritik versuchen, die Beobachtungen auf literarkritischer Ebene immer mehr in größere Kontexte einzuordnen und daraus übergreifendere Thesen zu konstituieren. Zu beachten ist zunächst noch: Exegese zu betreiben bedeutet, mehr am und im Text sehen und entdekken zu können, ein Sensorium zu enwickeln, dem es gelingt „zu begreifen, was uns ergreift" (Emil Staiger). Dabei sind die (literarkritischen) Beobachtungen bei vielen Exegeten oft dieselben. Vieles, was ich selber am Text entdecke, haben andere vor mir schon lange gesehen. Auch hier gibt es nur selten etwas wirklich Neues unter der Sonne. Was aber jeweils neu ist und einen bisher noch nicht gehörten Beitrag zur Auseinandersetzung mit der Entstehungsgeschichte eines alttestamentlichen Textes liefert, ist die Systematisierung Ihrer Beobachtungen. Wie bauen Sie – anders gesagt – ein und dieselben Beobachtungen, die andere vor Ihnen vielleicht auch schon gemacht haben, zu einer These aus?

Haben Sie für einen ausgewählten Textteil bzw. einen begründet heraussegmentierten Textabschnitt ein entstehungsgeschichtliches Modell gefunden, so gibt es zwei Wege, diese exemplarisch herausgearbeitete Hypothese nun im Blick auf den Gesamttext zu extrapolieren. Der eine Weg führt über den Versuch, das Profil und die Charakteristik der am Beispieltext beteiligten „Entstehungsschichten“ in weiteren Teiltexten des Gesamttextes zu entdecken. Die Argumentationslinie verläuft also vergleichend: Weil in diesen Teiltexten ähnliche Themen angeschlagen sind, Stichwortentsprechungen vorliegen bzw. gezielt Redeweisen wieder aufgenommen werden, könnte zu den an der Entstehungsgeschichte des Beispieltextes beteiligten „Schichten“ auch dieser oder jener Teiltext dazugehören. Ein weiterer Weg verläuft ein wenig anders, er sucht weniger nach Analogien, betreibt dafür stärker ein Ausschlußverfahren. Ausgehend von der Grundschicht des Textes, der ursprünglichen Textgrundlage also, fragt dieser Weg, welche Teiltexte noch notwendig zur Grundschicht hinzugehören, um eine abgeschlossene, sinnvolle, in sich ausgewogene Erzählung bzw. Textfassung vor sich zu haben. Dieser Weg setzt voraus, daß ich als Ausgangspunkt zur Konstituierung einer entstehungsgeschichtlichen Hypothese einen Textabschnitt vom Anfang des Gesamttextes ausgewählt habe, so daß sich von dort aus nach den Informationen fragen läßt, die notwendig sind, um vom Anfang des Textes zu seinem Ende hin zu gelangen. Habe ich auf diese Weise einen Rekonstruktionsvorschlag der Grundschicht erarbeitet, so kann ich nun versuchen, die verschiedenen Bearbeitungsschichten der Grundschicht auf dem vorgängig skizzierten Weg weiterzuverfolgen und in das Gerüst der Grundschicht einzupassen.

Natürlich kann kein Exeget jemals herausfinden, ob der Text wirklich so entstanden ist, wie er rekonstruiert hat. Es geht in der exegetischen Wissenschaft darum, das Textentstehungsmodell zu erarbeiten, das am ehesten Plausibilität beanspruchen kann, am besten begründbar ist und die wenigsten inneren Spannungen als unlösbar verbleibend erklärt. Dabei werden Sie als Exeget immer wieder die Erfahrung machen, daß Sie nach einer intensiven Arbeitsphase am Text zwar sehr schnell eine Ahnung haben, wo die Grundschicht verläuft, was Bearbeitungsschichten sein könnten – es wird jedoch noch ein großes Stück Arbeit kosten, diese Ahnung am Text zu belegen. Daß dabei so manche Vermutungen unwillkürlich auch am Text zerbrechen, versteht sich von selbst.

Die beiden wichtigsten „Schichten“, die durch die literarkritische Analyse aufzuspüren sind, ist einerseits die Grundschicht, andererseits die sogenannte „Endredaktion“. Als Fragen formuliert: Was bildet die ursprüngliche Grundlage des heute vorliegenden Textes? – Was bildet die Leistung des letzten, Grund- wie Bearbeitungsschicht(en) vor Augen habenden Redaktors. Beide Größen spannen buchstäblich die Entstehungsgeschichte des Textes ein, bilden Anfang und Ende eines mehrschichtigen Entstehungsprozesses.

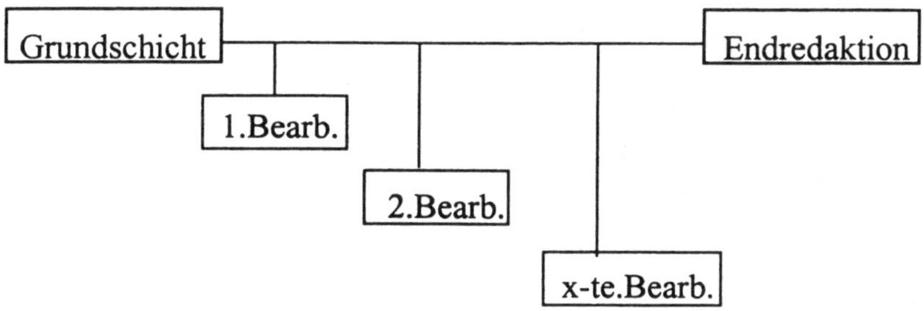

Schon von der bloß ungefähren Festlegung dieser beiden Größen her kann ich auch den Umfang und die Zielrichtung der weiteren bearbeitenden Eingriffe erklären. Dabei ist die Grundschicht meistenteils sehr schnörkellos und erzählerisch knapp gehalten, während die Endredaktion oftmals neben ihrer kompilatorischen Funktion nurmehr wenige Eigenanteile in den Text einbringt, stattdessen aber mit wenigen Strichen thematisch-theologische Akzentverschiebungen zu leisten versucht.

2.4.1.2 Redaktionskritik

Paul Badde, ein Redakteur der Frankfurter Allgemeinen Zeitung, schreibt im Blick auf das von ihm neu herausgegebene kleine Werk „Jossel Rakovers Wendung zu Gott" von Zvi Kolitz (Möhlin und Villingen, 2.Aufl. 1995) – eine Geschichte übrigens, die Geschichte hat: als Fiktion der Aufzeichnungen eines Juden in den letzten Tagen des Warschauer Ghettos geschrieben, durchläuft sie eine unendliche Geschichte von (fragmentarischen) Veröffentlichungen und Mißverständnissen ihrer Rezeption. Badde schreibt also:

„[...] danach hat ein ‚anonymer Übersetzer' den Text ins Jiddische übertragen und in Tel Aviv zur Veröffentlichung angeboten. Doch nicht nur das. Der Übersetzer hat den Text auch wesentlich erweitert. Wort für Wort wurden die Ergänzungen nachgewiesen und bezeichnet. Ich schaue sie mir im einzelnen an und sehe: es sind alle Höhepunkte der Rede. – Der Gedanke ist faszinierend. Macht das die Sache nicht noch schöner und rätselhafter? Ist es also – fast biblisch – ein magnetischer Text, der unterwegs andere Bearbeiter angezogen hat, die dann oft die besten Gedanken beisteuerten?" (Ss. 36f)

Redaktionelle Erweiterungen eines Textes stellen keine Textunfälle dar, sie geschehen nicht planlos und zufällig, sie wollen dem zugrundeliegenden Text ein neues Gesicht geben, weil sie sich von ihm und seiner Botschaft magnetisch angezogen fühlen, wollen Höhepunkte eintragen, an die der ursprüngliche Autor nicht gedacht hat. Die Redaktionskritik versucht, die einzelnen Fäden des Textknäuels, die in der Literarkritik sichtbar geworden sind, wiederum nach den sie verbindenden Kriterien gleichsam ihrem Ursprungsfaden zuzuweisen. Insofern bildet die Redaktionskritik die synthetische Seite der literarkritischen Analyse.

Vielleicht wird gerade am Zusammenspiel von Literar- und Redaktionskritik deutlich, was Hermann Gunkel in seinem Aufsatz „Ziele und Methoden der Erklärung des Alten Testaments" folgendermaßen charakterisiert hat:

„Exegese im höchsten Sinne ist mehr eine Kunst als eine Wissenschaft. Der Exeget soll etwas vom Künstler an sich haben; und darum braucht er mehr als nur Wissen und Verstand. Denn der Verstand kann nur zergliedern, aber nicht schaffen. Der Exeget aber soll schaffen können. Zwar schafft er nicht frei wie der Künstler, aber er schafft nach" (Hermann Gunkel, Reden und Aufsätze, Göttingen 1913, S.14).

Wenngleich die Definition der Verstandesleistung nach heutiger Vorstellung sicherlich nicht unwidersprochen bleiben wird, so faßt Gunkel doch das zentrale Moment, das den Übertritt von der „zergliedernden" Literarkritik zur „nachschaffenden" Redaktionskritik bezeichnet. Das Werden eines Textes erklärt sich ja im Sinne der Redaktionskritik „aus dem lebendigen Wechselspiel von Bewahrung des Überkommenen und verändernder Neugestaltung durch die Redaktionen" (Peter Weimar, Art.: „Redaktionskritik", Neues Bibellexikon III). Insofern kommt es der Redaktionskritik darauf an, die Elemente der Neugestaltung zu erkennen und als planvollen Eingriff einer redaktionellen Bearbeitungsinstitution zu verstehen.

Um sichtbar zu machen, worum es geht, kann folgendes Beispiel helfen: Sie haben einen Zeitungsartikel über das Münster'sche Stadtfest zu schreiben. Sie liefern Ihr Manuskript pünktlich ab und es tritt seinen Weg durch die einzelnen Redaktionen (Lokalredkation, Kulturredaktion, Chefredaktion) an. Jeder liest aufmerksam und fügt kleine Randbemerkungen an, schreibt einen Absatz vielleicht ganz neu, streicht und stellt um, fügt vielleicht sogar einen Absatz aus dem Zeitungsbericht über das Stadtfest des Vorjahrs ein, der ihm gelungen erschien. Ihr Artikel wird mit den Veränderungen im Schreibbüro des Verlags abgetippt und geht in Druck. Am nächsten Morgen erkennen Sie ihren Artikel kaum wieder. Erst eine sehr aufmerksame literarkritische Lektüre würde Ihnen Aufschluß darüber geben, welche Teiltexte gegeneinander abzuheben sind. Würden Sie die Teiltexte vergleichen, so würden Sie Stilgemeinsamkeiten feststellen, ähnliche Wortwahl, vergleichbaren Themenbezug. In Ihrer Redaktionskritik am Frühstückstisch könnten Sie erkennen: diese beiden Einschübe stammen aus der Lokalredaktion, jene drei aus der Chefredaktion, hier hat die Kulturredaktion noch einen größeren Absatz eingebracht, dort hat vielleicht die Schreibkraft des Verlags sogar fälschlicherweise noch zwei Randbemerkungen in den Text eingearbeitet, von denen eine bewußt gestrichen worden war, weil sie nicht zu der anderen paßte. Es bleibt Ihnen nicht viel anderes übrig, als einzusehen, daß Ihr Text nur noch bedingt „*Ihr*" Text ist: Die Redaktionen haben das Angesicht des Textes verändert.

Die Redaktionskritik stellt das synthetische Pendant zur analytischen Literarkritik dar. Sie versucht, die durch literarkritische Scheidung gewonnenen Teiltexte auf einer neuen Ebene aufgrund von Stichwortentsprechungen, Formulierungseigenheiten, thematischen Ähnlichkeiten, etc. zu redaktionellen Bearbeitungsschichten eines Textes zu verbinden und auf diese Weise den Werdeprozeß eines Textes auf allen Ebenen nachzuzeichnen.
Diese erkennbaren Bearbeitungsschichten eines Textes lassen sich günstigenfalls in einem größeren Horizont aufgrund bestimmter Signalwörter und Wendungen sowie einer erkennbaren theologischen Grundrichtung den verschiedenen Literaturwerken des Alten Testaments zuordnen.

Die Grundfrage der Redaktionskritik ist demnach: Wieviele und welche redaktionellen Bearbeitungen lassen sich aus den in der Literarkritik voneinander abgehobenen Teiltexten rekonstruieren? Am Ende der redaktionskritischen Arbeit steht dann die Möglichkeit, die Redaktionsgeschichte eines Textes nachzuzeichnen

Das Verfahren der redaktionskritischen Methode zielt darauf hin, verschiedene Teiltexte untereinander – ungeachtet ihrer systematischen Aufeinanderfolge innerhalb des „Jetzttextes" – zu zusammenhängenden Spuren einer bzw. mehrerer redaktioneller Bearbeitungen zu verbinden. Dabei ist es zunächst hilfreich, die im jeweils vorliegenden Text zunächst gegeneinander abgehobenen und dann miteinander zu redaktionellen Bearbeitungssträngen verbundenen Teiltexte noch nicht sofort irgendeinem Literaturwerk und seinen damit zu verbindenden Redaktionen zuzuweisen, sondern erst einmal den jeweils erkennbaren Bearbeitungsschichten eine „neutrale" Taxonomie zu geben. Diese „neutrale" Bezeichnung kann entweder das thematische und theologische Profil der jeweiligen Bearbeitung aufnehmen („Juda-Schicht", „Israel-Bearbeitung", „historisierende Bearbeitung", etc.) oder durch eine schlichte Sigle (B1, B2, B3, etc.) repräsentiert sein. Dabei können die möglicherweise sichtbaren Abhängigkeitsverhältnisse einzelner Bearbeitungsschichten untereinander durch auf Zusammenhänge hinweisende Siglen ($B1^R$ für erneute redaktionelle Erweiterung der ersten Bearbeitung, etc.) markiert sein.

In den meisten Fällen läßt sich auch so etwas wie eine innere Abfolge der einzelnen Redaktionen erkennen. Wenn damit auch noch keine historische Einordnung der einzelnen Redaktionen vorgenommen werden kann, so doch zumindest eine individuelle Chronologie für den untersuchten Text. Eine Einordnung der beobachteten redaktionellen Bearbeitungsebenen eines Textes in die Literaturwerke des Alten Testaments erfordert ein intensives Studium einer der gängigen Einleitungen ins Alte Testament sowie eine langwierige Sucharbeit in den einschlägigen Konkordanzen. Über diesen Weg der Stichwortsuche, der Formulierungsanalogien und thematischen Ähnlichkeiten lassen sich Bezüge zu anderen Teiltexten erheben, die in der Forschung traditionell bestimmten Literaturwerken bzw. Redaktionsbewegungen zugeordnet werden. Rückschließend von diesen Texten, deren Grund- und Bearbeitungsschichten als relativ sicher bestimmt gelten (bei denen also ein Forschungskonsens herrscht), wird nun auch eine Hypothese über die Entstehung des gerade analysierten Textes möglich. Besonders geübte Exegeten entwickeln im Laufe ihrer langjährigen Beschäftigung mit den

Texten ein sicheres Wissen darüber, welche Wendungen und Begriffe auf die Beteiligung bestimmter Literaturwerke bzw. Redaktionsarbeiten hinweisen. So ist beispielsweise der Begriff „Herrlichkeit Gottes" (כבוד יהוה) ein relativ sicherer Hinweis auf das Vorkommen priesterschriftlichen Textmaterials. Da damit nicht immer angezeigt ist, daß hier die Priesterschrift selber spricht, sondern durchaus auch im Fahrwasser der Priesterschrift rangierende oder an ihr orientierte Redaktionen am Werk sind, spricht der Münsteraner Alttestamentler Peter Weimar gern von „priester(schrift)lichen Bearbeitungen" (vgl. Biblische Notizen 23 [1984] Ss. 81-134 und Biblische Notizen 24 [1984] Ss. 138-162), die also entweder genuin priesterschriftlich sind oder zumindest doch priesterlicher Provenienz sind.

Vorsicht sollte jedoch bei vorschnellen Zuordnungen herrschen, die aufgrund bestimmter Auffälligkeiten (priesterschriftliches Vokabular, deuteronomistische Denk- und Argumentationsweise, etc.) Teiltexte sehr schnell zuzuordnen versuchen. Generell können einzelne (gerade jüngere) Redaktionen einen bewußt imitierenden bzw. archaisierenden Stil wählen, um den durch sie geleisteten Zusätzen größeres Gewicht bzw. mehr Gehör zu verschaffen. Auch innerhalb der modernen (theologischen) Literatur finden sich solche bewußt angewandten Kunstgriffe: So schrieb etwa der Dogmatiker Hans Urs von Balthasar in einem bewußt archaisierenden, an der Diktion der Kirchenväter orientierten Stil, während sein Zeitgenosse Karl Rahner demgegenüber einen bewußt „modernen" Stil – im Sinne einer der heutigen Zeit und Welt verständlichen weil ihr entlehnten Sprache – wählte. Beider Texte rangierten aber trotz eines unterschiedlichen literarischen Profils innerhalb ein und derselben Entstehungszeit.

Auch wenn dies weniger in den Bereich der Methodenwissenschaft als vielmehr in den der Einleitungswissenschaft hineingehört, sei zumindest kurz an die tragenden Entstehungshypothesen des Alten Testaments und die vordringlich an dieser Entstehung beteiligten Literaturwerke erinnert. Für ausführliche Informationen müßten Sie entweder die entsprechenden Artikel einer Einleitung ins Alte Testament oder gezielt ausgewählte Lexikonartikel studieren.

Angesichts der Entstehung alttestamentlicher Texte – vorwiegend aber des Pentateuch – haben sich vier Modellvorstellungen etabliert, die bis heute (freilich modifiziert) die Diskussion bestimmen:

(1) Die sogenannte **„ältere Urkundenhypothese"**. Ausgehend von der Beobachtung des Wechsels des Gottesnamens in Gen 1,1-2,4a (Elohim) und Gen 2,4b-3,24 (JHWH) werden zwei ursprünglich selbständige

„Urkunden“ (Geschichtserzählungen) angenommen, die eine additive Zusammenführung erfahren haben. Die ältere Urkundenhypothese rechnet durchaus mit weiteren – wenn auch bloß fragmentarisch erhaltenen – Urkunden.

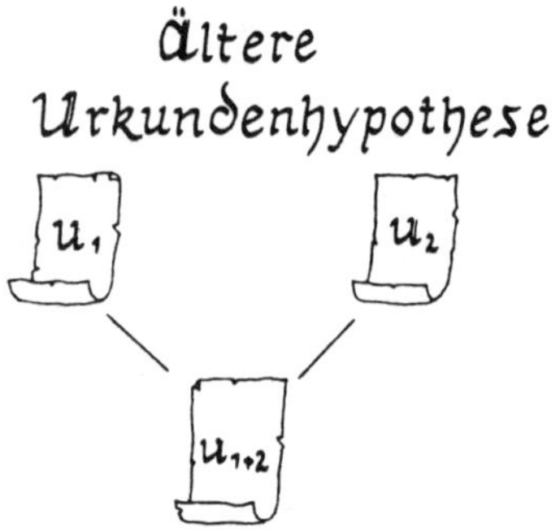

(2) Die sogenannte „**Fragmentenhypothese**“. Ausgehend von den Rechtstexten der Bücher Exodus bis Deuteronomium entdeckt die „Fragmentenhypothese“ immer neue „Urkunden“, die sich nicht zu durchlaufenden Quellenschriften verbinden lassen. Da diese „Urkunden“ also fragmentarischen Charakter aufweisen, wird von „Fragmentenhypothese“ gesprochen.

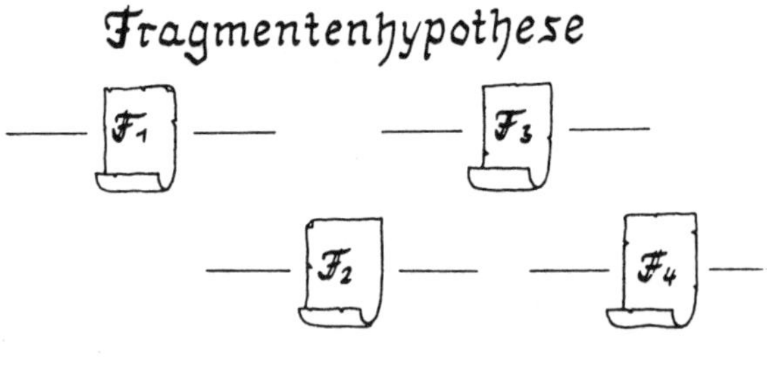

(3) Die sogenannte „**Ergänzungshypothese**“. Ausgehend von der „Urkunden-“ und „Fragmentenhypothese“ versucht die „Ergänzungshypothese“ eine Verbindung beider Vorstellungen. Während die „Urkundenhypothese“ den Pentateuch als Verbindung in sich kohärenter Quellen verstand, die „Fragmentenhypothese“ demgegenüber in ihm eine Sammlung unabhängiger „Fragmente“ sah, versuchte die Ergänzungshypothese beide Vorstellungen in das Modell zu integrieren, der

Pentateuch sei aus einer kohärenten Basisurkunde gebildet, in die eine Reihe fragmentarischer Ergänzungen eingetragen worden sei.

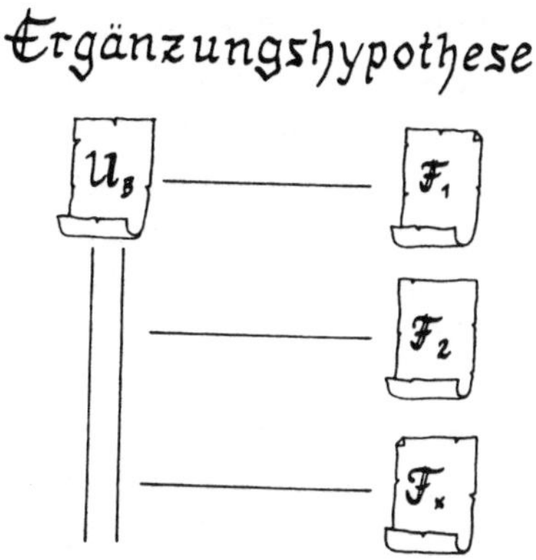

(4) Die sogenannte **„jüngere Urkundenhypothese"**. Ausgehend von der „älteren Urkundenhypothese" und in bewußtem Gegensatz zu ihr unterscheidet die „jüngere Urkundenhypothese" drei kohärente „Urkunden" (*zwei* elohistische, eine jahwistische) sowie eine vierte, ebenfalls eigenständige „Urkunde": das Deuteronomium. Hauptvertreter dieser „jüngeren Urkundenhypothese" war Julius Wellhausen, der die entstehungsgeschichtliche Abfolge dieser vier Urkunden auf die Aufeinanderfolge von Jahwist (9. Jh), Elohist (8. Jh), Deuteronomist (7. Jh) und Priesterschrift (6./5. Jh [als zweite „elohistische" Urkunde]) festlegte. Unbestritten ist davon in der Forschung heute allein noch die Priesterschrift. Alle jüngeren Erklärungsversuche wandeln im Grunde nur dieses Grundlagenmodell – teilweise im Rückgriff auf ältere Entstehungsmodelle – ab.

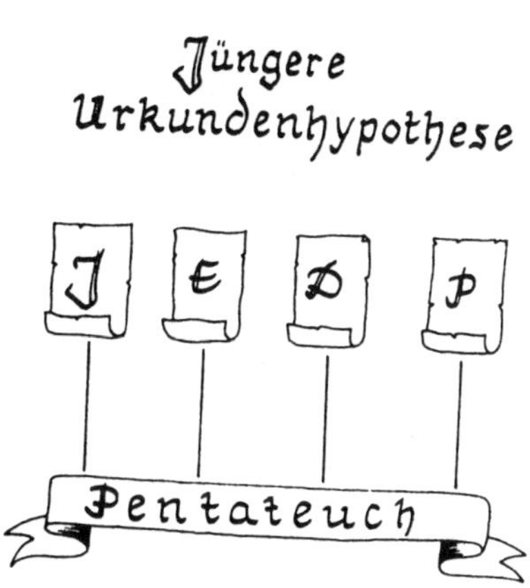

Diese Entstehungsmodelle entzünden sich freilich an der Diskussion der Entstehung des Pentateuch und beziehen sich als mögliche Lösungsmodelle natürlich auch darauf. Allerdings sind die vier Grundmuster möglicher entstehungsgeschichtlicher Erklärungsmodelle mutatis mutandis auch für Texte außerhalb des Pentateuch verwendbar. Unter der Einschränkung allerdings, daß die Beteiligung mancher Literaturwerke außerhalb des Pentateuch kaum mehr denkbar ist, da ihr Ende zumeist schon innerhalb des Pentateuch angenommen wird. So herrscht in der Forschung etwa ein relativ breiter Konsens darüber, daß die Priesterschrift mit dem Tod des Mose in Dtn 34 zu ihrem Ende kommt. Dennoch bleiben die Zuordnungsmuster der vier Grundmodelle durchaus hilfreiche Typologien für das Verhältnis der an der Entstehung eines Textes beteiligten Grund- und Bearbeitungsschicht(en). Möglicherweise werden ja auch in dem mir vorliegenden Text mehrere voneinander unabhängige Fragmente miteinander kombiniert, oder eine „Urkunde" (eine Grunderzählung, eine Erzählbasis) wird um mehrere fragmentarische Ergänzungen erweitert, oder zwei ursprünglich einmal eigenständige Erzählfassungen sind in dem mir vorliegenden Text miteinander verbunden worden.

In Anlehnung an Odil Hannes Steck (Exegese des Alten Testaments, Leitfaden der Methodik, Neukirchen-Vluyn, 13.Aufl. 1993, Ss. 92-94) sind hier die Fragen und damit die Arbeitsschritte der Redaktionskritik noch einmal aufgelistet:

Hat die literarkritische Analyse gezeigt, daß der vorliegende Text literarisch uneinheitlich (nicht kohärent) ist, so hat die Redaktionskritik zwei Möglichkeiten zu prüfen:

⇨ Handelt es sich bei den gegeneinander abgehobenen Teiltexten um Elemente wenigstens zweier höchstens dreier vorgegebener kohärenter Texte, die durch redaktionelle Übergänge und Anpassungen miteinander zu einem Text verbunden worden sind („Quellen kompilation")?

⇨ Oder liegt ein Grundtext vor, der durch eine oder mehrere Hinzufügungen ergänzt wurde? Lassen sich die Hinzufügungen selber noch einmal gegeneinander abheben und unterschiedlichen Erweiterungen zuweisen, spricht man von (verschiedenen) „Redaktionen", die den Text mehrfach erweitert haben. Bei einer einzigen Hinzufügung spricht man von „Glossen" oder – neutraler gewendet – von „punktuellen Erweiterungen". Bei umfänglicheren Erweiterungen, die als Teile einer redaktionellen Fortschreibung der ganzen Schrift bzw. des ganzen Buches, aus denen der vorliegende Text herausgelöst worden ist, qualifiziert werden können, spricht man von einer „redaktionellen Überarbeitung" des gesamten Textes.

Jedenfalls geht es der Redaktionskritik darum, die Art der Zusammensetzung zum jetzigen Text auf allen Werdestufen (Redigiertes und Redigierendes) zu erheben. Lassen sich Teiltexte einer bestimmten Werdestufe mit übergreifenden Redaktionen verbinden, so muß die Rolle und der Ort dieser Werdestufe des Textes innerhalb des Ganzen der umfassenden redaktionellen Erweiterung näher erörtert werden.

Hat die literarkritische Analyse nun aber gezeigt, daß der Text literarisch einheitlich (kohärent) ist, so hat die Redaktionskritik wiederum zwei Möglichkeiten zu erwägen:

⇨ Ist der vorliegende Text Bestandteil einer „Urkunde", die sich insgesamt als eine kohärente Geschichtsdarstellung präsentiert, und als solcher bis zur Endgestalt der Schrift oder des Buches, zu der er gehört, nicht mehr verändert worden ist (Redigiertes)?

⇨ Oder gehört der vorliegende Text insgesamt zu einer Redaktionsschicht einer solchen „Quellenschrift" (Redigierendes)?

Stellt sich die Grundschicht innerhalb des Entstehungsprozesses eines Textes immer als eine redigierte Größe dar, so kann freilich deren Redaktion auf einer jüngeren Textstufe selber wieder zu einem redigierten Text werden. Die redaktionskritische Untersuchung hat in allen Fällen zu fragen (vgl. Steck, S. 94):

- Zeigen sich die redaktionellen Vorgänge im Bereich von Formulierungen und/oder überlegter Komposition des engeren bzw. gesamten Kontextes?
- Was an derartigen Vorgängen innerhalb eines Textes gehört auf dieselbe literarische Ebene, damit zu ein und derselben Redaktion des Werkes?
- Was kennzeichnet das Anliegen und das literarische Profil dieser Redaktion?
- In welche interpretatorische Richtung verschiebt diese Redaktion den Gesamttext?
- Wenn verschiedene Redaktionsgänge in einem Textstück und in seinem Kontext aufeinanderfolgen, welche interpretatorisch relevanten Veränderungen durchläuft der Text in diesem Ablauf?

Am Ende der redaktionskritischen Analyse eines Textes liegt der Text in den entstehungsgeschichtlichen Veränderungen, die er auf seinem Weg zu dieser jetzigen Textgestalt durchlaufen hat, vor mir. In Abwandlung einer Vorbemerkung von Anna Maria Jokl zu ihrem Buch „Essenzen" (Frankfurt a. M. 1993, S. 7) könnte man sagen:

„Wäre jede Phase eine Glasplatte, auf jeder ihr spezielles Zeichen eingeritzt, alle übereinandergelegt und mit *einem* Blick von oben durchschaut – somit der Zeitablauf aufgehoben –, mag die Hieroglyphe der Botschaft des Textes sichtbar werden".

Tatsächlich bietet ja der mir vorliegende Text die Aufhebung des Zeitablaufs der einzelnen Redaktionen, er läßt mich die Zustände seiner Entstehung in einem Zublick anschauen und verlangt damit eine Interpretation des Textes, die all diesen Phasen des Textes und ihrer inneren wie äußeren Spannungen gerecht wird. Diese einzelnen Phasen sichtbar gemacht zu haben, indem sie gegeneinander abhebbar gemacht wurden wie übereinandergelegte Glasplatten, ist der Verdienst der Redaktionskritik.

In den letzten Jahren hat sich das Augenmerk der alttestamentlichen Forschung vielfach von der literarkritischen Wahrnehmung der Brüche, Spannungen und Wiederholungen eines Textes sowie der synthetischen Auswertung dieser Beobachtungen in der Redaktionskritik auf die Auslegung und Interpretation des vorliegenden, kanonisierten Jetzttextes als verpflichtender Dimension verlagert. Diese auch unter dem Stichwort „canonical approach" von Brevard S. Childs (vgl. auch: Die Theologie der einen Bibel, Freiburg 1994) postulierte Zugehensweise auf den biblischen Text hin leugnet dabei die Brüche und Spannungen des Textes nicht, versucht sie aber – in gut rabbinischer Tradition – als vom Text bewußt produzierte Interpretationseinstiege auszuwerten. Dieses besondere Profil hat dazu geführt, auch von „holistischer Schriftauslegung" zu sprechen. Das bedeutet: Die holistische Schriftauslegung als „»ganzheitliche« Schriftauslegung sieht einen Einzeltext gezielt im Kontext des ganzen Buches, und zwar auf der (synchronen) Ebene des vorliegenden Textes; die kanonische Schriftauslegung (canonical approach) betrachtet den Einzeltext darüber hinaus im Kontext des Kanons" (Erich Zenger, Am Fuß des Sinai. Gottesbilder des Ersten Testaments, Düsseldorf, 2. Auflage 1994, S. 59, Anm. 45). Es kommt der holistischen Schriftauslegung also darauf an, „die (diachron entstandenen) Spannungen und Widersprüchlichkeiten in »kontrastiver Exegese« herauszuarbeiten und auf ihre theologische (!) Relevanz hin zu befragen" (Zenger, Am Fuß des Sinai, S. 59). Daß von den Redaktoren selber schon wahrgenommene Spannungen aufgrund einer Ehrfurcht vor der einmal vorliegenden Überlieferung nicht geglättet und angepaßt worden wären, ist dabei – wie neutestamentlicher und frühjüdischer Umgang mit dem kanonisierten Text belegt – auszuschließen (vgl. Zenger, Am Fuß des Sinai, S. 61).

Ohne das literar- und redaktionskritische Methodeninstrumentarium gänzlich zu denunzieren, hat die holistische Schriftauslegung doch einen nicht gering zu veranschlagenden Vorbehalt gegen das exegetische „Glasperlenspiel“ entwikkelt, das einen Text in Vorlagen, Quellen, Bearbeitungen und Redaktionen „zerlegt“ (vgl. Zenger, Am Fuß des Sinai, S. 61). Tatsächlich kann „die literarkritische Brille [...] auch blind machen oder »Schichten« vorgaukeln, die es nur in der Phantasie des jeweiligen Exegeten gibt“ (Zenger, Am Fuß des Sinai, S.61). Ganz gefeit bleibt davor – mutatis mutandis – freilich auch ein Träger einer „holistischen Brille “ nicht.

Es kann nicht das Ziel sein, die literar- und redaktionskritische Methode gegen die holistische Methode auszuspielen – und umgekehrt. Beide stellen in ihrer unterschiedlichen Ausprägung den tastenden Versuch dar, dem Text eine Interpretation abzulauschen und mit den Spannungen und Widersprüchlichkeiten, die der Text bietet, konstruktiv umgehen zu können. Insofern sind beide Methoden notwendige Stimmen im Chor der wissenschaftlichen Auslegungsmethoden, die zueinander durchaus in einem Verhältnis kritischer Rückfrage stehen können.

2.4.2 Der Spiegel im Spiegel (Michael Ende) – Form- und Traditionskritik

2.4.2.1 Form- bzw. Gattungskritik

Wie man eine formkritische Analyse durchführt und was ihr Ergebnis bedeutet, läßt sich am besten an einem fiktiven Fall aus dem Jahr 2079 veranschaulichen. Nehmen wir an, in diesem Jahr sprechen alle nur Englisch und die anderen Sprachen werden nur noch von Sprachwissenschaftlern untersucht, um den Kontakt zur Vorzeit nicht zu verlieren. Einer der Sprachwissenschaftler – nennen wir ihn Professor Witzig – bekommt durch Zufall mein Deutschheft aus dem Jahre 1957 in die Hand und stößt dort auf Rätsel über Rätsel. Nicht nur, daß ihm meine Handschrift Kopfzerbrechen bereitet und die Zeichensetzung von der üblichen abweicht – einiges bleibt ihm völlig schleierhaft. Die größte Mühe gibt sich Prof. Witzig mit einem hundertmal geschriebenen Satz. ‚Ich darf den Rasen nicht betreten‘. Jedes Wort ist ihm geläufig, er kann den Satz in ein perfektes Englisch übersetzen, aber die Sache bleibt dennoch dunkel. Weil Prof. Witzig jedoch die Methoden der Formkritik beherrscht, kann er dem Problem systematisch zu Leibe rücken. Er sucht ähnliche Ausdrücke in seinen Quellen und wird nach einiger Zeit fündig. Seine Untersuchung des Ausdrucks

»Betreten« führt ihn auf eine Tafel mit der Aufschrift ‚Betreten verboten'. Daraus schließt Prof. Witzig, daß sein Satz mit dem Verbot zu tun hat, einen gewissen Rasen zu betreten. Als er das Problem vor der Transatlantischen Akademie der Germanisten erörtert, erhält er aus dem rege diskutierenden Publikum einen interessanten Hinweis. In den Jugenderinnerungen eines gewissen Felix Taubnichts sei von einer Strafarbeit die Rede, die fünfzigmal den Satz enthält: ‚Während der Stunde darf ich nicht schwätzen'. Damit sei eine deutliche Parallele zum Satz ‚Ich darf den Rasen nicht betreten' gefunden. Ein junger Gelehrter, Dr. Wenig, führt näher aus: ‚Erstens stammen beide Texte aus dem Schulbereich; zweitens ist die Form sehr eng verwandt – die großzahlige Wiederholung (fünfzigmahl im einen, hundertmal im anderen Fall) und die Formulierung »Ich darf nicht« ist in beiden Fällen gegeben'. Also, schließt Dr. Wenig, gebe es eine genauere Erklärung als die von Prof. Witzig: Der hundertmal geschriebene Satz ‚Ich darf den Rasen nicht betreten' sei nicht nur die Feststellung eines Verbots, sondern näherhin eine Strafarbeit, der eine Übertretung des Verbots vorausging. Kein Zweifel: die beiden Gelehrten haben recht; ihre ‚formkritische Analyse' hat sie das Problem in glänzender Weise lösen lassen.

Bernhard Lang, Die Bibel. Eine kritische Einführung, Paderborn u.a. 1990, Ss. 110f

Obwohl mit dieser äußerst treffenden Lehrerzählung Bernhard Langs eigentlich schon alles gesagt ist, was die formkritische Analyse ausmacht und der Transfer zur Arbeit des Exegeten sehr einfach ist. – „An die Stelle meines alten Schulhefts mit der Strafarbeit tritt die Bibel mit ihren vielen dunklen und halbverstandenen Sätzen, an die Stelle von Prof. Witzig und Dr. Wenig treten die modernen Bibelwissenschaftler, und an die Stelle der Verbotstafel und der Jugenderinnerungen des Taubnichts treten biblische Texte oder auch Zeugnisse aus der biblischen Umwelt, die den Forschern zugänglich sind" (Lang, S. 111) – so sollen doch noch einige Hinweise das Bild abrunden.

Die „Formkritik" als exegetisches Instrumetarium geht auf den Anfang unseres Jahrhunderts, genauer auf die Arbeiten Hermann Gunkels zurück, der zuerst am 1. Buch Mose, dem Buch Genesis, versucht hat, eine „Sammlung von Sagen" auszumachen. Eine späte Frucht dieser Bemühungen ist das von Robert von Ranke-Graves und Raphael Patai herausgegebene Buch „Hebräische Mythologie" (Über die Schöpfungsgeschichte und andere Mythen aus dem Alten Testament, Reinbek 1986).

Die Form- oder Gattungskritik als eine Spielart der diachronen Auslegungsmethoden geht der Entstehung des Textes als Vertreter einer bestimmten literarischen Form bzw. Als Sammlung unterschiedlicher literarischer Formen nach. Sie fragt darum zunächst nicht nach den inhaltlichen (Traditionskritik), sondern nach den formalen Merkmalen des Textes, die eine Zuordnung des Textes bzw. der in ihm isolierbaren Teiltexte zu einer bestimmten Gattung ermöglichen.
Die Bestimmung der Gattung ermöglicht auch die historische Verankerung eines Textes, die Festlegung seines „Sitzes im Leben". Damit ermöglicht sie letztlich auch eine Annäherung an den sozialgeschichtlichen Kontext der Entstehungszeit des vorliegenden Textes.

Es geht der Formkritik in erster Linie darum, den Zusammenhang zwischen der Form (Gattung) eines Textes und seinem „Sitz im Leben" (also seiner Gebrauchsfunktion, seiner Rolle) zu beleuchten. Die Formkritik leistet damit einen entscheidenden Beitrag dazu, die genaue Intention eines Textes zu erfassen und seinen sozialgeschichtlichen Lebenszusammenhang, seinen Platz im sozialen Gefüge der Gesellschaft, der er entstammt, zu erschließen. Es geht der Formkritik also zunächst um die formale Bestimmung der äußeren Erscheinung eines Textes insgesamt, aber auch der in ihm isolierten Teiltexte als ursprüngliche Elemente oder Elemente redaktioneller Eingriffe. Hat nämlich die Literarkritik ergeben, daß der Text aus mehreren (ursprünglich eigenständigen) Teiltexten besteht, so wird jede der herausgearbeiteten Einheiten einzeln befragt.

Insgesamt lassen sich für die formkritische Methode vier Arbeitsschritte erkennen:

(1) Die Grundfrage lautet: **Welche Formmerkmale läßt der Text erkennen?** Freilich kommen hier die Beobachtungen zur sprachlich-syntaktischen Analyse, möglicherweise aber auch zu Aufbau und Struktur eines Textes zum tragen. Allerdings werden diese Beobachtungen nun im Blick auf eine Form- bzw. Gattungsbestimmung hin funktionalisiert. Was also deutet sprachlich-stilistisch auf Erzählform oder Poesie, auf Sage oder Märchen, Rechtstext oder Fabel, Prophetenspruch oder Gleichnis hin?

(2) Daraus folgt die Gattungsbestimmung: **Ist der Text im ganzen oder in Teilen als Vertreter einer bestimmten Gattung gestaltet?** Dies kann nur festlegen, wer zuvor fragt, ob und wo sich im Alten Testament und im Alten Orient insgesamt (voneinander unabhängige) Texte finden lassen, die ähnliche Aufbauelemente, ähnliche Form- und Gestaltungsmerkmale aufweisen. Welches Etikett ließe sich diesen Texten verabreichen: Märchen? Sage? Prophetenspruch? Lied? Gebet? – Teilweise sind einige Texte in der exegetischen Fachliteratur schon zugeordnet worden und lassen es zu, den mir vorliegenden Text ebenfalls unter dieser Gattung zu subsummieren. – Läßt sich ein Bezug herstellen zwischen den Gattungen der alttestamentlichen Texte und den aus ihrer Sprach- und Literaturwelt bekannten Gattungen? Dabei dürfen Sie ruhig auch einmal unkonventionelle Thesen wagen: Liegt in Jos 24 vielleicht doch der Typus eines umgekehrten Verkaufsgesprächs zugrunde?

(3) **Welchen „Sitz im Leben" kann die Gattung allgemein und der Text im besonderen beanspruchen?** In welcher äußeren Lebenssituation kann ich mir die Gattung / den Text situiert vorstellen? Oder, als Negativprüfung: In welchen Lebenssituationen wäre sie / er gänzlich unpassend? Zu prüfen ist dabei auch, inwiefern Aufbau und Form, Inhalt und Sichtweise der Gattung / des Textes auf bestimmte Lebensvorgänge im Israel alttestamentlicher Zeit hinweisen, ob bestimmte politische Horizonte angetönt werden oder eine bestimmte soziale Dimension durch Gattung bzw. Text sichtbar wird.

(4) **Wie verhält sich der konkrete Text zur Funktion der Gattung?** Wo Literatur besonders kunstvoll oder intellektuell sein will, pervertiert sie oftmals Gattungen, indem sie konkrete Texte nicht gattungskonform einsetzt. Grundfrage ist daher: Wird der Text funktionskonform gebraucht oder nicht? Geschieht der Textgebrauch nicht funktionskonform, so können wir von Ironie oder Satire sprechen.

Grundsätzlich lassen sich zwei zentrale Formen unterscheiden: Gattung und Formel. Während die Gattung eine fest geprägte Textgestalt bezeichnet (beispielsweise Märchen, Kochrezept, Essay), bezeichnet die Formel eine kurze, festgeprägte Wortverbindung, die in bestimmten Kontexten klaren Verwendungsmustern zugeordnet ist (beispielsweise „Guten Tag", „Aufrichtige Anteilnahme", „Herzlichen Glückwunsch"). Eine Gattung liegt dabei immer dann vor, wenn ein Text bestimmte Aufbauelemente, eine typische Topik und ein charakteristisches Formelinventar (Rezept: „Man nehme“, Märchen: „Es war einmal“, etc.) aufweist und wenn sich für diese Form ein „Sitz im Leben“ festmachen läßt.

Formeln und Gattungen lassen häufig auf die Lebenssituation schließen, aus der heraus sie formuliert und entstanden sind. Ein Protokoll wird fraglos auf eine Sitzung zurückgehen, ein Predigttext wird (sollte!) im Arbeitszimmer eines Predigers entstanden sein und stellt natürlich auch einen öffentlichen Vortrag in der Gemeinde dar. Bestimmte Formelemente geben insofern auch Auskunft über den „Sitz im Leben“, also über die Lebenssituation, in der bzw. aus der heraus Textabschnitte formuliert und entstanden sind.

Ein Überblick über die Gattungen des Alten Testaments finden sich in zahlreichen Einleitungen ins Alte Testament. So etwa bei Otto Kaiser, Einleitung in das Alte Testament, Gütersloh, 5. Aufl. 1984: §5 (Erzählformen); §6 Recht, §13 (Fabel, Gleichnis, Parabel, Allegorie), §25 (Prophetie), §29 Poesie, oder bei Rudolph Rendtorff, Das Alte Testament. Eine Einführung, Neukirchen-Vluyn, 2. Aufl 1985 insgesamt zu den Gattungen die Seiten 80-136.

Um nur einige Gattungstypen an Texten identifizieren zu können, soll im folgenden ein kurzer Überblick (nach Werner H. Schmidt, Einführung in das Alte Testament, Berlin/New York, 4. Aufl. 1989, Ss. 59-71) gegeben werden.

Mythos	„Göttergeschichten“, in denen die Götter als handelnde Personen mit Namen erscheinen; wird gern in vorgeschichtliche Zeit verlegt, wird im Kult wiederholt und bleibt insofern in der Geschichte präsent.	Gen 1,1-2,4
Sage	Präsentiert eine Erinnerung an die Vergangenheit in einer anderen Form als Geschichtsschreibung; möglicherweise geht eine mündliche Tradierung voraus; je nach Charakter können verschiedene Kategorien vorgenommen werden (Helden-, Ortssagen, ätiologische Sagen).	Gen 11,1-9
Ätiologie	Legenden und Sagen können oftmals die Frage zu beantworten versuchen: Warum ist ein Name, ein Ort, ein Zustand oder Brauch so und nicht anders? Die Ätiologie will also in der Gegenwart nicht mehr verstehbare Zusammenhänge und Sach-	Gen 32,23-33 (V.33!); Gen 19

	verhalte aus der Vergangenheit heraus erklären.	
Legende	Als Kultgründungssagen, die ätiologisch wirksam werden, sind manche Heiligtumslegenden einzustufen. Sie bilden vom Wort her „das zu Lesende" (legere) über einen Ort, einen Menschen, einen Sachverhalt, um diese besser verstehen zu können.	Gen 18 Gen 22 Gen 28,10-22
Novelle	Eine Novelle ist durch einen zielstrebigen Aufbau, einen klaren Erzählstil und eine besondere Prägung (durch höfische Kultur, ein besonderes Lokalkolorit, ein politisches Klima) charakterisiert. Alle drei Elemente finden sich – wenn auch unterschiedlich ausgestaltet –, beispielsweise in der Josephsnovelle oder in der Jonanovelle.	Gen 37-50

Wichtig ist, in diesem Zusammenhang nicht aus dem Blick zu verlieren, daß die meisten Texte des Alten Testaments – schon aufgrund ihrer Entstehungsgeschichte – Mischformen darstellen, in denen Kennzeichen und Anteile unterschiedlicher Gattungstypen zusammenkommen. Darüber hinaus zeigt das Verhältnis von Sage, Ätiologie und Legende, daß die einzelnen Gattungen nicht immer so scharf gegeneinander abzugrenzen sind. Die form- und gattungskritische Einordnung wird also zuweilen einer sehr abwägenden Diskussion bedürfen.

Abschließend genannt seien noch einige zentrale Fragen, die im Blick auf die Form- bzw. Gattungsbestimmung eines Textes zu berücksichtigen sind (nach Hans-Alwin Wilcke, Das Arbeiten mit alttestamentlichen Texten, Essen, 2. Aufl. 1992, Ss. 49f):

- Ist der Text poetisch oder prosaisch formuliert? Woran machen Sie Ihre Entscheidung fest?
- Lassen sich geprägte Formeln, typische Redewendungen oder charakteristische Satzverknüpfungen erkennen?
- Wie läßt sich der Gestus des Textes beschreiben? Stellt er dar, fordert er auf, berichtet oder beschreibt er, schildert oder erzählt er?

- Lassen sich bei bestimmten Aussagen des Textes Vermutungen darüber anstellen, ob sie eher genuin mündliche oder genuin schriftliche Äußerungen darstellen?
- Ist der Text monologisch oder dialogisch abgefaßt, zeigt sich ein Wechsel von Frage und Antwort?
- Überwiegen eher Nominal- oder eher Verbalsätze?
- Welche Personen, Gegenstände und Orte spielen eine Rolle? In welche Richtung versucht der Text eine Aussage über sie zu machen (erklärend, deutend, anekdotisch, etc.)?
- Wer spricht wann zu wem aus welchem Grund, und welches Ziel wird auf welche Weise angestrebt?
- Welche Stimmung beherrscht die Situation?

Wenn Sie die Fragen aufmerksam durchgehen, merken Sie schon, daß sie durchaus auch im Hinblick auf die literarisch-stilistische Betrachtung eines Textes Verwendung finden können. Sie merken vielleicht auch, daß dieser Fragenkatalog durchaus noch einmal bei der literarkritischen Scheidung helfen kann, Teiltexte als unterschiedlich gegeneinander abzuheben. Beide Feststellungen belegen einmal mehr, daß eine Methodenlehre in einzelnen Schritten nur der Versuch sein kann, das systemische Verhältnis der einzelnen Methoden zueinander in eine systematisch abzuarbeitende Folge zu bringen.

Wie leicht es sein kann, von der Form auf den Inhalt zu schließen, läßt sich zeigen, wenn sie eine Parade unterschiedlichster leerer Flaschen vor sich aufbauen: Milchflasche, Sprudelwasserflasche, Parfümflasche, Weinflasche, etc. Ihr Kommilitone wird sehr schnell anhand der äußeren Form identifizieren können, welcher Inhalt in den Flaschen gewesen ist. Allerdings gehört dazu Erfahrung – und auch eine gewisse Vorsicht, weil manches Behältnis auch zweckentfremdet werden kann (Terpentin in der Saftflasche oder Obstler in der Wasserflasche etwa).

2.4.2.2 Traditions- bzw. Überlieferungskritik

Die Begriffe „Traditionskritik" und „Überlieferungskritik" werden in der Literatur gern wechselseitig zur Bezeichnung ein und desselben Methodenschrittes verwandt, da beide Bezeichnungen von der Wortebene her identisch sind. Faktisch bezeichnen beide jedoch unterschiedliche Nuancen ein und derselben Fragerichtung. Während sich die Überlieferungskritik auf die Weitergabe einer einzelnen, in sich geschlossenen Texteinheit bezieht, hebt die Traditionskritik auf die Tradierung eines

Vorstellungskomplexes, näherhin eines Motivs bzw. Motivkomplexes (Exodus, Zion, David, Königtum, etc.) ab.

Die Traditions- bzw. Überlieferungskritik als diachrone Auslegungsmethode fahndet in einem Text nach Hinweisen auf geprägte Bilder, Themen und sprachliche Züge, die sich unter dem Stichwort „Motivik" zusammenfassen lassen. Sie untersucht insofern also in einer Art Querschnitt durch die ikonographische und literarische Welt vor und während der Entstehungszeit eines Textes die möglicherweise von einem Autor verwendeten Motive und geprägten Formen, auf die er als Elemente eines Kulturgutes bzw. eines literarischen Thesaurus zurückgreifen konnte. Anders als die Formkritik fragt die Traditions- bzw. Überlieferungskritik nach *inhaltlich* geprägten, überlieferten Stoffen und insofern nach dem besonderen Gepräge eines Textes durch geistes-, theologie- oder religionsgeschichtliche Zusammenhänge.
Die Traditions- bzw. Überlieferungskritik versteht den Text mithin als Ergebnis eines kulturgeschichtlichen Traditionsprozesses, der einerseits Überkommenes, Geprägtes aufnimmt und bewußt einsetzt, damit andererseits aber auch die Tradition neu akzentuiert und für seine jeweiligen Erfordernisse aufarbeitet und perspektiviert.

Traditionskritik läßt sich beispielsweise sehr leicht zwischen verschiedenen Werbesendungen vornehmen. Auch dort sind nämlich bestimmte Motive (das Motiv der neuen, noch ergiebigeren Waschkraft, das Motiv der von der Mutter gelungen bekochten Familie, das Motiv der seit Kindertagen alles gemeinsam erlebenden Freunde, etc.) redundant und lassen sich in unterschiedlichen Gattungen und verschiedenen Adaptionen wiedererkennen.

Die Semiotik spricht in diesem Zusammenhang auch von „Bedeutungssyndromen", einem Komplex von Zeichen und Termini also, die eine bestimmte Bedeutung konstituieren. Zum „Bedeutungssyndrom" des Typs „gelungenes Frühstück" gehören in der Werbung beispielsweise ein ansprechend gedeckter Tisch, golden glänzender Kaffee, Brötchen oder Croissants, Orangensaft, lachende Gesichter, etc. – Sie können das Bedeutungssyndrom weiter ausgestalten. Je nach Zielinformation (Kaffeewerbung, Marmeladenwerbung, etc.) wird das Bedeutungssyndrom in eine bestimmte Richtung stärker kontu-

riert. Unter Beibehaltung bzw. Wiederverwendung des Motivs verschiebt sich gleichzeitig die Zielinformation.
Das ist in Texten gar nicht viel anders: Ein bestimmtes Bedeutungssyndrom kann immer wieder Verwendung finden, während sich die Aussage, auf welche die Anwendung des Bedeutungssyndroms abzielt, verändert.

Da ein solches Bedeutungssyndrom in einem Text oftmals nur stichwortartig auftaucht, muß die Tradtionskritik zusätzlich noch folgende Fragen erwägen (nach Hans-Alwin Wilcke, Das Arbeiten mit alttestamentlichen Texten, Essen , 2. Aufl. 1992, S.52):

- Liegt ein Leitbegriff vor, auf den sich die Textaussage konzentriert, der auch an anderen Stellen in einem vergleichbaren Zusammenhang auftaucht und dort einen ähnlichen Inhalt anspricht?
- Zeigt der vorliegende Text auch über diesen einen Leitbegriff hinaus noch festgeprägte Formulierungsstrukturen, die inhaltlich ein- und demselben Bedeutungssyndrom verpflichtet sind?
- Treten im Text Wörter oder Vorstellungen auf, die auch in anderen, von ihm literarisch unabhängigen und zudem in anderer Zeit entstandenen (außerbiblischen) Texten vorkommen?
- Lassen sich die bisher festgestellten Inhalte mit in anderen Texten so oder so ähnlich begegnenden Inhalten parallelisieren und als Realisationen ein und desselben Bedeutungssyndroms erkennen?
- Sind bestimmte Gruppen und Kreise zu nennen, die an der Tradierung dieses Bedeutungssyndroms wesentliches Interesse hatten und damit bestimmte (politische und / oder theologische) Ziele verfolgten?

Im herkömmlichen Sprachgebrauch werden solche „Bedeutungssyndrome“ oftmals auch neben „Traditionen“ einfachhin „Motive“ genannt. Deshalb ist der Begriff „Motivkritik“ als Bezeichnung der Traditions- bzw. Überlieferungskritik durchaus nicht gänzlich ungerechtfertigt. Unter der Überschrift „Motive“ lassen sich drei verschiedene geprägte Formen versammeln:

(1) *Geprägte Bilder*. Damit sind bestimmte wiederkehrende, zumeist von der jeweiligen literarisch-sprachlichen Realisierung unabhängige Bilder gemeint, die bei dem Leser einen Katalog vergleichbarer Assoziationen hervorrufen. Geprägte Bilder vertreten ein Thema, das aus dem Bild selbst hervorgeht und sich unabhängig von dem literarischen Kontext mit dem Bild verbindet. In diesen Bereich gehört etwa auch die

Übernahme ikonographischer Prägungen in literarische Kontexte (etwa die mütterliche Aufzucht des jungen Gottes in Hos 11).
(2) *Geprägtes Thema*. Anders als das geprägte Bild ist das geprägte Thema nicht unabhängig von der literarisch-sprachlichen Stilisierung. Von einem geprägten Thema ist deshalb auch nur dann zu sprechen, wenn es in literarischen Texten häufiger begegnet und sich durch wiederkehrende Begriffe festmachen läßt. Die Themen „Landnahme" oder „Exodus" stellen solche Themen dar, die bis in die Wortebene hinein sichtbar zu machen sind.
(3) *Geprägter Zug*. Die Wortebene eines geprägten Themas führt schon in den Charakter und die Besonderheit des geprägten Zugs ein. Der geprägte Zug hat – im Gegenüber zum geprägten Thema – keinen abgeschlossenen Charakter, er tritt nie selbständig auf und dient vordringlich der Ausgestaltung eines Textes. Ein geprägter Zug kann innerhalb eines geprägten Themas auftreten und dieses konstituieren, er kann aber zugleich auch unabhängig davon in literarischen Texten auftreten.

Es dürfte deutlich sein, daß diese drei Elemente, die gemeinsam das Bestimmungsfeld der Motivik bzw. Tradition bilden, durchaus fließende Abgrenzungen aufweisen und in absteigender Differenzierung aufgeführt worden sind. Bestimmte geprägte Bilder stoßen – gleichsam als Teilergebnisse – geprägte Themen an. Diese wiederum werden durch geprägte Züge konstituiert, die aber auch außerhalb der Herkunftsbilder bzw. -themen auftreten können.

Wichtig ist nun, deutlicher zu unterscheiden, was ein Motiv und was demgegenüber eine Tradition ausmacht:
Unter **Motiv** wird ein frei umlaufendes Bild, ein frei umlaufendes Thema, ein frei umlaufender Zug verstanden, die unselbständig auftreten.

Unter **Tradition** wird demgegenüber ein geprägtes und tradiertes Bedeutungssyndrom gefaßt, welches das Überlieferungsinteresse eines bestimmten Tradentenkreises erkennen läßt. Eine Tradition konstituiert sich demnach aus Motiven, die von einer bestimmten Tradition und mit einem bestimmten Tradierungsziel aufgenommen und eingesetzt worden sind.

Um – ausgehend von diesem Versuch einer Bestimmung des Charakters der Traditions- bzw. Überlieferungskritik –die einzelnen Schritte dieser Auslegungsmethode näher zu betrachten, soll im folgenden der Weg dieser Auslegungsmethode noch einmal skizziert werden. Im Blick stehen zunächst – wie auch schon in der Formkritik – die literarkritisch gegeneinander abgehobenen Teiltexte, zuweilen aber auch der ganze

Textkomplex bzw. die aus einzelnen Teiltexten rekonstruierten Textschichten.

Ein **erster Schritt** versucht, den Text auf geprägte Inhalte, Motive bzw. Traditionen hin bewußt zu lesen. Welche Elemente eines Textes machen sich also – anders gesagt – eines typischen Bildes, einer geprägten Redeweise, eines häufiger begegnenden Themas verdächtig. Je versierter ich im Lesen alttestamentlicher Texte bin, desto leichter fällt es mir, solche Traditionsmuster zu erkennen.

Im **zweiten Schritt** sollten zunächst alle feststellbaren Motive und Traditionen gesammelt werden, die der Text bereitstellt. Mit Hilfe einer Konkordanz, der Kommentarliteratur sowie ausgewählter Monographien geht es nun darum, das gesammelte Material zu vervollständigen und soweit möglich schon zu erschließen. – Es kann eine große Hilfe sein, im Laufe des Studiums bzw. der weiteren Beschäftigung mit biblischen Texten sich selber eine kleine Materialsammlung aus erworbenen Kenntnissen der alttestamentlichen und altorientalischen Literatur anzulegen. Hilfen sind dabei auch: Otto Kaiser u.a. (Hgg): Texte aus der Umwelt des Alten Testaments (TUAT), Gütersloh 1982; Walter Beyerlin (Hg.): Religionsgeschichtliches Textbuch zum Alten Testament (GAT 1), Göttingen, 2. Aufl 1985; James B. Pritchard, Ancient Near Eastern Texts Relating to the Old Testament, Princeton 1950.

Als **dritter Schritt** folgt die Auswertung des gesammelten Materials. Begegnen bestimmte Bilder, Themen und Züge auch in völlig anderen, voneinander unabhängigen Zügen, so liegt ein geprägter Inhalt vor.

Im **vierten Schritt** geht es darum, den geprägten Inhalt als Motiv oder als Tradition zu klassifizieren. Stellt das herausgearbeitete Material also ein häufig vorkommendes Motiv dar oder repräsentiert es eine Tradition, die einen ganz bestimmten Tradentenkreis mit gezielten Absichten erkennen läßt? Dies wird etwa daran deutlich, daß ein geprägtes Bedeutungssyndrom als Legitimation oder Begründung eines Sachverhalts herangezogen wird, was ja das Interesse der Tradenten sichtbar werden läßt. Oder: Ein bestimmtes Motiv und eine bestimmte Tradition erzählen von Gottes Taten an einer bestimmten Personengruppe, was die Parteinahme oder Ablehnung der jeweiligen Tradenten für eine bestimmte soziale Gruppe deutlich macht. Darüber hinaus: Ein bestimmtes Bedeutungssyndrom enthält Bildungsgut und Lebensweisheit, die einen Hinweis auf die (theologische) Färbung des Tradentenkreises geben.

Im **fünften und letzten Schritt** nun folgt die abschließende Analyse des Textes unter traditions- bzw. überlieferungskritischem Zublick. Dabei geht es vor allem darum, die Funktion des Motivs bzw. der Tradition innerhalb des vorliegenden Textes zu analysieren. Warum greift der zu analysierende Text einen geprägten Inhalt überhaupt auf? Wenn er ihn aufgreift: in welchem Sinne? Geschieht durch die Aufnahme dieses geprägten Inhalts eine Akzentverschiebung in irgendeine Richtung?

Wenn hier noch einmal die Simson-Erzählung (Ri 13-16) als Beispiel zur Erläuterung des Unterschieds zwischen Form- bzw. Gattungskritik einerseits und Traditions- und Überlieferungskritik andererseits herangezogen werden darf, so lassen sich zunächst bei formaler Betrachtung gewisse Formen bzw. Gattungen feststellen. Als umfassende Gattung wäre da zunächst das Heldenepos, wie es analog die Herakles-Sage aber auch das Gilgamesch-Epos darstellt. Darüber hinaus finden sich aber auch durchaus in Teiltexten Vertreter unterschiedlicher Form- und Gattungsgruppen: Gebete (Ri 13,8; 16,28), Lieder (Ri 16,23f), Rätseltexte (Ri 14,14). Damit ist zunächst nur nach formalen Gesichtspunkten das form- bzw. gattungsspezifische Profil der einzelnen Teiltexte berücksichtigt. Die Traditions- bzw. Überlieferungskritik nimmt nun die inhaltliche Dimension der einzelnen Teiltexte in Blick. Dabei fällt besonders Ri 14,1-9 mit der Löwenkampfepisode sowie die Episode mit dem vom Kadaver geklaubten Honig auf. Beide lassen sich als Motive in zahlreichen altorientalischen und antiken Texten nachweisen.

Sowohl die Form- bzw. Gattungskritik als auch die Traditions- bzw. Überlieferungskritik tragen dazu bei, den zu analysierenden Text nicht als singuläres literarisches Phänomen zu betrachten, sondern als – wie alle literarischen Texte – Kunstprodukt, das auf vielerlei Weise mit anderen (voraufliegenden wie zeitgenössischen) Texten zusammenhängt. Dabei wird auch deutlich, daß biblische Texte nicht vom Himmel fallen, daß sie vielmehr – im Sinne Georg Christoph Lichtenbergs – „Texte wie andere literarische Texte auch“ sind und als solche aus der Perspektive und im Lichte motivischer Analogien mit anderen Texten und auch gegen diese gelesen sein wollen. Texte spiegeln sich in Texten und hängen auf offenkundiger wie auf verborgener Ebene miteinander zusammen.

3 Rezeptionsästhetische Zugänge zum Text

3.1 Der Text als kulturell bedeutsames Zeugnis

3.1.1 Auslegungs- und Wirkungsgeschichte

„Nichts ist erfreulicher für den Autor eines Romans“, schreibt Umberto Eco in seiner berühmt gewordenen und vielzitierten Nachschrift zu seinem ersten Roman, „als Lesarten zu zu entdecken, an die er selbst nicht gedacht hatte und die ihm von Lesern nahegelegt werden. [...] Der Text ist da und produziert seine eigenen Sinnverbindungen. [...] Der Autor müßte das Zeitliche segnen, nachdem er geschrieben hat. Damit er die Eigenbewegung des Textes nicht stört. [...] Der Autor darf nicht interpretieren.

Aber er kann erzählen, wie und warum er geschrieben hat. [...] Und definieren würde ich die poetische Wirkung als die Fähigkeit eines Textes, immer neue und andere Lesarten zu erzeugen, ohne sich jemals ganz zu verbrauchen." (Umberto Eco, Nachschrift zum Namen der Rose, München, 8. Aufl. 1987, Ss. 11ff.)

Dieses längere Zitat soll Sie nach dem kurzen Durchgang durch die Methoden der historisch-kritischen Exegese nun noch an einen weiteren wichtigen wissenschaftlichen Auslegungsschritt der Exegese alttestamentlicher Texte erinnern, der allzu leicht in Vergessenheit gerät, für das Verständnis und die reflektierte wissenschaftliche Auslegung eines Textes aber ganz und gar unaufgebbar ist: die Beleuchtung der Auslegungs- und Wirkungsgeschichte eines Textes. Ein Text hat ja nicht nur eine Werdegeschichte, er hat zugleich auch eine Wirkungsgeschichte, die nicht selten mehr zur Auslegung eines Textes beizutragen vermag als die Analyse der literarischen Gegebenheiten des vorliegenden Untersuchungsgegenstandes selber. Manche Ursprungstexte sind richtiggehend zu Motiven geworden, die über eine lange Kette von Lesarten und Auslegungen bis heute unser Denken bestimmen, in neue Texte Eingang gefunden haben und durch diese variiert und perspektiviert wurden.

Was die Wirkunsgeschichte eines Textes für das Text- und Selbstverständnis des Lesers zu sagen vermag, hat in unnachahmlicher, ja nachgerade theopoetischer Weise Ulrich Luz in seinem Matthäus-Kommentar zum Ausdruck gebracht:

> Auslegungs- und Wirkungsgeschichte zeigt, was wir von den Texten her geworden sind. [...] lehrt verstehen, was der Ausleger seinen Texten verdankt. [...] soll verstehen helfen, *wie* der jeweilige Ausleger durch seine Texte geprägt ist. [...] will verhelfen, den Text im Sprung über die Jahrhunderte hinweg naiv gleichzeitig zu machen. [...] entlastet [...] die Gegenwart vor voreiligen biblischen Diktaten, deren Kehrseite jeweils auslegungsgeschichtlich die Neutralisierung des Textes durch Umdeutung, Verinnerlichung, etc. gewesen ist. [...] liefert aber auch Korrektive; sie zeigt exemplarisch, was wir von den Texten her sein könnten.
> Ulrich Luz, Das Evangelium nach Matthäus. Bd. 1: Mt 1-7, EKK I/1, Zürich und Neukirchen-Vluyn, 3. Aufl. 1992, S. 79f.

Wenn die Wirkungs- und Rezeptionsgeschichte eines Textes auszudrükken vermag, was wir von den Texten her geworden sind und was wir von den Texten her sein könnten, dann sind damit immer auch zugleich zwei entscheidende Aspekte menschlicher Daseingestaltung mitberücksichtigt: eine rückwärtsgewandte, die Vergangenheit als gewordene Wirklichkeit charakterisierende Größe sowie eine vorwärtsgewandte, aus der Erkenntnis der sehnsuchtsvoll vermißten Verwirklichung der eigenen Möglichkeiten sich eröffnende Zukunftsdimension. Beide lassen die im Text verborgene Dynamik zur Veränderung erahnen, welche die immer neue Lektüre des Textes, die fortwährende Beschäftigung mit ihm unausweichlich notwendig macht. Insofern kommt der Beschäftigung mit der Auslegungs- und Wirkungsgeschichte eines Textes einerseits eine affirmative Funktion zu, die gegenwärtige Auffassungen und Lebensweisen bestätigt, andererseits aber zugleich auch eine korrektive, die Gegenwart mit ihren Denk- und Lebenskonzepten hinterfragende und beunruhigende Funktion.

Die Untersuchung der Auslegungs- und Wirkungsgeschichte eines Textes gehört zu den vordringlichen Verstehens- und Zugangsmöglichkeiten zur Botschaft und zum Inhalt eines Textes. Im Lichte ihrer Daten wird meine Auslegung des Textes ebenso bestätigt oder befragt wie meine auf den Text gründenden Lebensmaximen firmiert oder korrigiert werden.

Auslegungs- und Wirkungsgeschichte eines Textes verfolgt nicht nur den Weg des sich wandelnden Auslegungsverständnisses des Textes, sie geht in gleicher Weise auf die Suche nach Spuren des Textes in der Literatur, Kunst und Musik der eigenen wie fremder Kultur(en).

Auslegungs- und Wirkungsgeschichte meint nicht nur, wie ein Text in der historisch-kritischen Bibelauslegung unterschiedlich ausgelegt und interpretiert worden ist, sondern auch, ob und wie ein Text neue und andere (literarische) Kunstwerke angestoßen und ferngesteuert hat. Sie verfolgt also neben der Forschungsgeschichte auch die Spuren der Schrift in Literatur, Kunst und Musik und fragt nach den Akzentverschiebungen, die ein Thema bzw. Inhalt dort gefunden hat. Aus der Sicht eines sich an der Auseinandersetzung mit dem biblischen Text entzündet habenden Kunstwerks verändert sich dieses als auslösendes Moment selber noch einmal nicht unerheblich. Aus der Sicht etwa der Josef-Tetralogie Thomas Manns oder der Erzählung „Hiob. Roman eines einfachen Mannes“ von Josef Roth bekommt sowohl die biblische Josefgeschichte (Gen 37-50) als auch die Ijoberzählung eine neue, bislang vielleicht durch die historisch-kritische Exegese so gar nicht entdeckte Auslegungsmöglichkeit.

> Für die verheerenden Veränderungen, die die biblischen Grundbegriffe und Motive im Laufe ihres Rezeptionsprozesses innerhalb der modernen Kultur durchgemacht haben, wäre das Bild einer Schrift, die allmählich verblaßt, auseinanderfällt und schließlich unentzifferbar wird, wohl eine passende Methapher. Im Vergleich zu den kanonischen Gewißheiten, zu denen Jahrhunderte von dogmatisch orientierten Interpretationen den Bibel-Text reduziert hatten, muß die Art und Weise, in der Literatur und Philosophie seit der Aufklärung mit der Bibel operiert haben, tatsächlich als ein eher willkürliches Spiel mit inzwischen sinnlos gewordenen Formen erscheinen. Daß der biblische Text heutzutage nicht mehr als ein klar zu uns sprechendes Gefüge von Wörtern, also von Zeichen, erfaßt werden kann, die auf einen eindeutig definierbaren Sinn hinweisen, macht die Buchstaben jener Schrift zu bloßen Spuren [...], also zu graphischen Zeichen, denen keine semantisch identifizierbare Bedeutung entspricht. Wir dürfen aber nicht vergessen, daß der biblische Text keineswegs aus eindeutigen Theologumena besteht, sondern daß er sich als fortdauernde Erzählung entfaltet, die, weil sie voll von Widersprüchen, Wiederholungen und Paradoxen ist, auf keinerlei begrifflich eindeutigen Nenner zurückgeführt werden kann. Die mystische Interpretationstechnik des Judentums hat immer um diese Vieldeutigkeit gewußt, ja sie hat die unendliche Deutungsmöglichkeit der Bibel zum Kennzeichen der Offenbarung gemacht.
>
> Stéphane Mosès, Spuren der Schrift. Von Goethe bis Celan, Frankfurt a.M. 1987, Ss. 10f.

3.1.2 Theologische Auslegung

Ist Exegese des Alten Testaments mehr als die bloße Anwendung literaturwissenschaftlicher Methoden an biblischen Texten? Auch wenn sich sicherlich sehr schnell der Eindruck einstellt, es ginge bei allen Kompositions-, Form-, Traditions- und Wasweißichnochkritiken gar nicht mehr um Theologie, so sollte und muß jede Auslegungsmethode auch der theologischen Seite eines alttestamentlichen Textes – so „untheologisch" dieser selber auch sein mag – gerecht werden. Die Frage nach der Theologie eines Textes und mithin seines Aussagewertes im Konzert der theologischen Strömungen des Alten Testaments einerseits wie der vielfältigen Disziplinen der Schultheologie andererseits bildet das Bindeglied zwischen historisch-kritischer Exegese und aktuellem Verstehen eines Bibeltextes. Freilich kann es Zeiten geben, in denen ein biblischer Text zur Bedeutungslosigkeit herabsinkt und dem aktuellen Verstehen nur sehr schwer oder gar nicht nahezubringen ist, allgemein aber darf der bunte Strauß exegetischer Methoden nicht bloßes l'art pour l'art bleiben.

Sicherlich bleibt ein Text Produkt des Verstehens, der Kultur und der Theologie seiner Zeit, er kann – und darf! – nicht vorschnell den Gegebenheiten moderner Kultur und aktueller Theologie korrelliert werden. Die sozialen Fragen der Gegenwart vorschnell mit prophetischen Texten des 8.Jh.v.Chr. lösen zu wollen dürfte ebenso bedenklich sein, wie realpolitische Gegebenheiten mit dem nahezu vier- bis fünftausend Jahre alten Gilgamesch-Epos zu analysieren. Texte sind und bleiben Kinder ihrer Zeit – zwingt man sie in der Art einer Zeitmaschine in unsere Gegenwart hinein, verkümmern sie und sterben. Aber: Die Texte und ihre ihnen eigene Theologie vor dem Hintergrund ihrer jeweiligen Zeit treten mit uns und unseren Zeitfragen heute über die Jahrhunderte bzw. Jahrtausende hinweg in einen Dialog. Sie können zum vielbeschworenen „fernen Spiegel" (Barbara Tuchmann) heutiger Lebensverhältnisse und Sinnfragen werden. Insofern stimulieren sie als eine Art „Flaschenpost" im Meer der Zeiten (Paul Celan) unser theologisches Suchen und Fragen, sie halten die umtreibenden Fragen und die bergenden Erfahrungen

längst vergangener Menschen und Zeiten in bleibender Gegenwärtigsetzung und als bleibende Herausforderung zur Auseinandersetzung für uns bereit. Das bedeutet aber: Theologische Auslegung ist ein Prozeß mit dem Text, nicht nach oder neben ihm. Insofern kann sich in einem Text niemals eine theologische Wahrheit verbergen, die sofort und unmittelbar schon konkrete Handlungsanweisungen (pastoral)theologischer Art bereithält.

Die Leitfragen einer theologischen Auslegung können sein:

- Macht der Text eine Aussage über Gott? – Wenn ja, in welcher Weise (lobend, distanzierend, fragend, etc.)? Oftmals verbergen sich solche Aussagen in Erzählformen, Motiven, Dialogen und Einzelreden.

- Sagt der Text etwas über den Menschen aus, über sein Verhältnis zu Gott einerseits und zur Welt andererseits? – Wenn ja, wie charakterisiert der Text das Wesen und das Handeln des Menschen? Wie seine Beziehung zu Gott?
- Gibt es im Text auch Aussagen über die Welt, über die Schöpfung, über die Gesellschaft? – Wenn ja, welche Qualitäten und Merkmale werden diesen Größen zugesprochen?

Als christlicher Theologe kann ich darüber hinaus – im Sinne Rahners – hinter das Christusereignis nicht zurück. Das heißt dann aber auch: Ich muß mir darüber Rechenschaft geben, in welchem Verhältnis der mir vorliegende Text des Alten Testaments zum Neuen Testament steht. Damit soll der alttestamentliche Bezug schon im Sinne Erich Zengers als „Eigenwort mit Eigenwert“ gelten, er soll aber gerade im Blick auf die Idee seiner Funktion als „mater et magistra studiorum novi testamenti“ (Zenger) auf seine (verborgenen) Beziehungslinien zum neutestamentlichen Text hin untersucht werden. Daher ließe sich die Frage anschließen:

- Wird der alttestamentliche Text in einem neutestamentlichen Text aufgegriffen? Werden seine Inhalte im Neuen Testament transportiert bzw. neu akzentuiert?

Nicht unerheblich ist im Zusammenhang einer theologischen Auslegung des Textes freilich immer auch, ob und wie ein alttestamentlicher Text in der jüdischen Tradition und Schriftauslegung rezipiert worden ist und ob er vielleicht auch in der islamischen Welt Beachtung gefunden hat.

Gerade in einer Zeit wachsender und immer unüberschaubar werdender religiöser und pseudoreligiöser Angebote müßte eine theologische Auslegung darüber hinaus auch berücksichtigen, ob und wie bei diesen Anbietern alttestamentliche Texte – nicht selten unter negativen Kennzeichen – „theologisch“ ausgewertet werden. Dazu gehört auch die Berücksichtigung vielfältiger sich aufklärerisch und emanzipatorisch gebärdender Feldzüge gegen das Alte Testament in toto wie ausgewählter alttestamentlicher Texte (vgl. nur Franz Buggle, Denn sie wissen nicht, was sie glauben. Oder warum man redlicherweise nicht mehr Christ sein kann. Eine Streitschrift, Reinbek 1992). Hier schließt sich freilich der Kreis zur Betrachtung der Auslegungs- und Wirkungsgeschichte eines alttestamentlichen Textes.

Eine theologische Auslegung alttestamentlicher Texte hat dabei natürlich nicht nur das Gespräch mit der außeralttestamentlichen Theologie zu suchen, sondern ebenso die Auseinandersetzung mit den innerhalb des Alten Testaments selber durchaus vielfältigen und nicht selten sogar widerstreitenden theologischen Entwürfen. Immer noch auf der Suche nach einer Theologie des Alten Testaments kann das Gespräch alttestamentlicher Texte untereinander der Forschung Bausteine für dieses vielleicht niemals abschließbare Projekt bereitstellen (vgl. Entwürfe wie etwa Antonius Gunneweg, Biblische Theologie des Alten Testaments, Stuttgart u.a. 1993; aber natürlich auch schon Gerhard von Rad, Theologie des Alten Testaments, München 1960).

3.2. Alternative Auslegungsmethoden

3.2.1 Überblick

Es mag herausfordernd erscheinen, nach dieser umfänglichen Darlegung historisch-kritischer Auslegungsmethoden alternative Auslegungformen nun auf ein paar Seiten anzusprechen. Tatsächlich ist es immer noch so, daß – bis auf wenige Ausnahmen – allein die historisch-kritische Methode als wissenschaftliche Exegese gilt, während alternative Exegesen – allen voran die feministische Bibelauslegung – erst nach und nach in den Kanon wissenschaftlicher Auslegungsmethoden gelangen. Vielfach stehen solche alternativen Auslegungsformen im weiten Grenzbereich zwischen Wissenschaft und Praxis, stammen selber aus der praktischen Bibelarbeit oder dem interdisziplinären Gespräch.

Eine Einführung in die Methoden alttestamentlicher Exegese kann heute m.E. nicht mehr – gerade im Blick auf spätere Arbeitsfelder – ohne eine Einführung in diese alternativen Auslegungsmethoden auskommen. Andererseits aber soll damit die historisch-kritische Auslegung nicht verdrängt werden. Sie bleibt Fundament und nicht selten kritisches Korrektiv, Kontrapunkt vor bzw. nach allen anderen Auslegungsmethoden. In der Vielfalt exegetischer Methoden ist sie die Anwältin der Textgemäßheit einer Auslegung, die jedes Auslegungsergebnis auf seine Rechtfertigung dem Text gegenüber verpflichtet.

Den instruktivsten Überblick über die Vielzahl der Methoden bietet derzeit Horst Klaus Berg (Ein Wort wie Feuer. Wege lebendiger Bibelauslegung, München 1991). Während die existentiale Auslegung das Ziel verfolgt, biblische Überlieferung so zu erschließen, daß sie den heutigen Leser in seiner Existenz betrifft, zielt die tiefenpsychologische Auslegung darauf ab, einen lebensbezogenen, ja therapeutisch und befreiend wirksam werdenden Dialog zwischen Leser und Text in Gang zu setzen; die interaktionale Auslegung nutzt den Inhalt eines Textes zur Bearbeitung seiner Botschaft innerhalb der Aktion einer Gruppe, während die materialistische Auslegung versucht, die Botschaft eines Textes aus seiner Entstehungssituation heraus als befreiende und revolutionäre Botschaft in die heutige Zeit hinein zu übersetzen; in dieser Richtung versucht auch die feministische Auslegung die Entstehung eines Textes als Unterdrückungsmechanismus von Frauen in einer von Männern dominierten Gesellschaft zu verstehen und gegenwärtigen Verhältnissen als Spiegel oder kritisches Korrektiv vor Augen zu führen; von Unterdrückung geht auch die lateinamerikanische (befreiungstheologische) Auslegung aus, die eine Neulesung des Textes aus der Sicht der Campesinos als Verbalisierung der Unterdrückungserfahrungen und ihrer möglichen Befreiung aus diesen Mechanismen versucht. Damit sind nur einige mögliche Formen angesprochen, die hier gar nicht alle gebührend skizziert werden können. Leider wird bei näherer Beschäftigung mit diesen Methoden nur allzu schnell sichtbar, daß sie sich nicht selten zwar vom Text inspirieren lassen, ihn aber – streng genommen – nicht mehr textgemäß auslegen. In vielen Fällen kann man sich des Eindrucks nicht erwehren, der Text liege der jeweiligen Methode nur noch als ein verkürzter Plot vor, während die Baugesetzmäßigkeiten des Textes selber, sein „Text-Sein“ nur noch eine untergeordnete Rolle spielen. Damit sind die Aussagen, zu denen die jeweiligen Methoden gelangen, in ihrer Lebens- und Praxisrelevanz allerdings nicht denunziert. Viele dieser Methoden sind fraglos weitaus „lebendiger“ als die oft als „Erbsenzählerei“ empfundene historisch-kritische Methode.

Um dem Text als Text gerecht zu werden, wird aber wohl kaum ein Weg an dieser wissenschaftlichen Auslegungsform vorbeigehen. Die innerhalb der Exegese geführte Diskussion erinnert nicht selten an vergleichbare Auseinandersetzungen zwischen der Schulmedizin und den vielfältigen Naturheilverfahren. Vielleicht ist es hier wie dort so, daß die „Wirksamkeit“ der einzelnen Methoden jeder für sich selbst herauszufinden und zu verantworten hat. Um zumindest einen Eindruck von einer alternativen Auslegungsmethode zu ermöglichen, soll im folgenden die tiefenpsychologische Auslegungsmethode als eine Repräsentatin dieser Auslegungsformen kurz skizziert werden.

3.2.2 Tiefenpsychologische Bibelauslegung

(Tiefen)psychologische Bibelauslegung gibt es nicht erst seit Eugen Drewermann, auch wenn dieser fraglos als ihr berühmtester und berüchtigtster Vertreter anzusprechen ist. Psychologische Auslegung biblischer Texte im Gefolge der Freudschen Traumdeutung wurde – sicherlich nicht immer textgemäß – schon seit Sigmund Freuds Versuch „Der Mann Mose und die monotheistische Religion“ unternommen. Dabei galten viele Symbole des biblischen Textes als analysierbare Daten psychologischer Inhalte, die sich wie bei einem Traum von fachkundiger Seite analysieren ließen.

Die tiefenpsychologische Auslegung in Deutschland, deren exponierteste Vertreterin neben Eugen Drewermann Maria Kassel sein dürfte, beruft sich dabei mehr oder weniger – Kassel mehr, Drewermann weniger – auf die Archetypenlehre Carl Gustav Jungs.

Jung postulierte – anders als Freud – das Vorhandensein sogenannter „Archetypen“ (Ureinprägungen; Das von Anfang an Eingeprägte), die dem Menschen aufgrund seines Menschseins gegeben sind. Diese Archetypen haben gleichsam einen überschießenden Charakter, d.h. sie eröffnen dem Menschen – sofern sie in das Lebenskonzept integriert werden – ein Potential an Zukunft, das neue Lebensmöglichkeiten in sich birgt. Die Vorstellung Freuds vom Unbewußten übernehmend ging auch Jung davon aus, daß der größte Teil menschlichen Bewußtseins im Dunkel des Unbewußten verborgen liegt. Jung spricht auch vom „Schatten“, der als verdrängte Persönlichkeitsdimension in diesem Unbewußtsein verborgen ist. Je mehr es einem Menschen gelingt, den eigenen Schatten (für einen Mann kann das etwa seine weibliche Seite, die „Anima“ sein) in sein Lebenskonzept zu integrieren, desto mehr wird er als ganzheitliche Persönlichkeit, als „neuer “ Mensch gelten können.

In der Vorstellung Jungs stehen den eher abstrakt vorgestellten Archetypen im menschlichen Unbewußten die „archetypischen Bilder“ gegenüber, welche die Archetypen des Unbewußten zu stimulieren vermögen. Ihnen obliegt es also, den Menschen mit seinem „Schatten“ und mit seinen Archetypen zu konfrontieren. Diese archetypischen Bilder vermitteln sich dem Menschen wesentlich durch Träume, aber auch durch Literatur und Kunst. Da Jung davon ausgeht, daß die Archetypen zu den frühen Prägungen der Menschheitsgeschichte gehören, vermutet er die archetypischen Bilder am reinsten und ehesten greifbar in den Mythen der Völker, die sich ihm als Träume eines kollektiven Unbewußten präsentieren. Innerhalb der Methodik begründet dies die Notwendigkeit der Amplifikation als grundlegendem Schritt der tiefenpsychologischen Auslegung. Ziel der Auslegung ist also die „therapeutische“ Wirkung des Textes, insofern dieser die in ihm versammelten therapeutischen Bilder als archetypenstimulierend einsetzt und insofern eine Veränderung des Selbstkonzepts („Archetyp des Selbst“) nach sich zieht.

Da Carl Gustav Jung selber keine Auslegung biblischer Texte vorgenommen hat und insofern keine Methodik entwickelt hat, sind wir auf diejenigen angewiesen, die Auslegungen biblischer Texte in dieser Richtung vorzunehmen versuchen. Da Eugen Drewermann eher eine Mischform (tiefen)psychologischer Auslegung vornimmt und zudem kaum Einblick in seine eigene Vorgehensweise gibt, sind wir auf die – allerdings rein an Carl Gustav Jung orientierten – Hinweise bei Maria Kassel (Biblische Urbilder, München 1980, Ss. 188-207) angewiesen.

Kassel unterscheidet bezeichnenderweise sehr dezidiert zwischen einer – etwa in Bibelkreisen und Erwachsenenbildungsveranstaltungen anzuwendenden – Spontanmethode, bei der die Teilnehmer rein assoziativ entweder (tiefen)psychologisch verdächtige Bilder und Symbole im Text unterstreichen und für sich auflösen können oder im Plenum ansprechen und deuten können, und einem wissenschaftlichen (und damit überprüfbaren) Auslegungsverfahren. Dieses wissenschaftliche Verfahren tiefenpsychologischer Bibelauslegung legt drei Stationen der Arbeit zurück:

Eine **erste Station** lautet: **Amplifikation** (Erweiterung). Dabei geht es darum, die im Text erkennbaren Motive, Symbole und Konstellationen durch eine Erweiterung im Hinblick auf die Mythen und Erzählungen der Völker zu vergleichen und damit als archetypische Bilder klassifizieren zu können. Im Grunde also ein mit der Traditions- und Überlieferungskritik vergleichbarer Arbeitsschritt. Grundregel: Was nicht wenigstens in irgendeinem Märchen oder Mythos als Parallele greifbar ist, wird kaum als archetypisches Bild zu qualifizieren sein.

Die **zweite Station** versucht eine Einteilung des Textes in eine **Objektebene** und eine **Subjektebene**. D.h. der Text wird auf zwei Ebenen neu gelesen: einer obektiven Schiene, die zunächst nur festhält, was an Begebenheiten, Symbolen und Konstellationen im Text für jeden erkennbar (daher objektiv) zu greifen ist: Abraham zieht fort aus seinem Land, Kain erschlägt Abel, Jakob bringt Esau um das Erstgeburtsrecht – aber auch Symbole und Traumbilder wie: Brunnen, Löwe, Wüste. Aufbauend darauf folgt nun die Subjektschiene, auf der alle herausgearbeiteten Elemente der Objektebene mit Hilfe eines Traumlexikons oder über assoziative Zugänge gedeutet werden. Hier darf und soll allerdings auch umfänglicheres psychologisches Wissen in der Beurteilung und Auswertung der Objektdaten einfließen.

Eine **dritte Station** arbeitet nun beinahe bibliodramatisch. Sie fordert vom tiefenpsychologisch orientierten Ausleger die **Identifikation** mit einer der im biblischen Text vorkommenden Aktanten oder in das Geschehen involvierten Sub-Aktanten (also auch Tiere, Gegenstände, Naturgegebenheiten etc.). Dabei geht es aber darum, das im Text entworfene Szenario als innerpsychisches Szenario zu begreifen. Alle Aktanten und Sub-Aktanten, mit denen sich der Ausleger *nicht* identifiziert hat, bilden dennoch innerpsychische Persönlichkeitsanteile. Konflikte und Konstellationen innerhalb des Textes machen sodann aber innerpsychische Konflikte und Konstellationen sichtbar und insofern bewußt. Die Begegnung mit dem Text wird damit letztlich zur Begegnung mit dem eigenen Selbst(konzept). Diese Begegnung sowie der im Text entworfene Konkliktlösungsvorschlag bzw. die dort entworfene Konsequenz gewinnen auf diesem Weg therapeutische Funktion.

Auch wenn hier nurmehr das Ergebnis vorgetragen sein soll, ließe sich etwa auch Ri 14,1-9 (tiefen)psychologisch deuten. Der Löwenkampf ereignet sich unmittelbar nach Simsons Schritt in die Adoleszensphase. Er entscheidet gegen den Willen und Einspruch der Eltern für die Frau, die er sich ausersehen hat. Es nimmt kaum Wunder, daß er sich nach Überschreiten dieser Schwelle zur erwachsenen Selbstverantwortlichkeit mit einem Löwen auseinanderzusetzen hat, der ihm in den Weg tritt. Der Löwe verkörpert als archetypisches Bild das Elternimago mit seinen Erwartungen und Forderungen und mit seinem Anspruch auf Konformität Simsons. Dieser aber tötet mit dem Löwen gleichsam die Elternbotschaften, die ihn vor- und unbewußt immer noch erreichen, er zerreißt mit dem Löwen endgültig die sich ihm in den Weg stellenden Elternerwartungen. Nach einer Zeit des Abstands – und der Reifung? – wird er sowohl für sich als auch für seine Eltern aus dieser Auseinandersetzung (aus der inneren „Ermordung“ des Elternwillens gleichsam) Nahrung ziehen können, eine Süßigkeit, die das Leben Simsons und seiner Eltern köstlicher zu machen vermag. – Vielleicht finden sich gerade viele junge Erwachsene, die einen Ablösungsprozeß von ihrem Elternhaus durchzumachen hatten, in solch einer Deutung wieder. – In der psychologischen Auslegung ist demgegenüber sehr häufig das Zusammenspiel von Sexual- und Destruktionstrieb in Ri 14,1-9 betont worden. Plausibilität können sicherlich beide Auslegungsmodelle für sich in Anspruch nehmen.

Maria Kassel hat den Vorzug der tiefenpsychologischen Auslegung vor allem darin gesehen, daß sie ermögliche, zu den Wurzeln eines biblischen Textes zu gelangen und damit alles kirchlich-dogmatische, alle Überfremdungen der Theologie und der Auslegungsgeschichte hinter sich lassen zu können. Dem ist sicherlich zuzustimmen. Andererseits aber ist dieses Ziel auch dort zu erreichen, wo ich als Exeget den Text als Text wahrnehme, dem ich ganz und gar neu begegne und auf den ich mich einlasse, ohne schon im Vorhinein zu wissen, was dieser Text mir sagen will. Ein Text ist ein Text ist eine Text: nicht mehr – aber auch nicht weniger…

3.3. Methodensystematik und systemische Methodenstruktur

Jede Methodenlehre steht vor dem grundsätzlichen Problem, daß sie den systemischen Zusammenhang der Methoden, die in ihrer Arbeitsweise wie in ihren Ergebnissen ineinandergreifen, in eine systematisch abzuschreitende (und insofern auch abzucheckende) Methodik bringen muß. Dabei bekommen die hintereinanderliegenden Schritte nicht selten den Charakter eines „Fleischwolfes“, durch den man den Text bloß geschickt drehen muß, um zu einem passenden Ergebnis zu kommen, zu dem ein Exeget halt kommen muß.

Gerade in der neueren Literaturwissenschaft (vgl. etwa Dietrich Schwanitz, Systemtheorie und Literatur. Ein neues Paradigma, Opladen 1990) hat sich in den letzten Jahren ein Verständnis der Textinterpretation etabliert, die aus der Systemtheorie bedeutsame Anleihen macht.

Demgemäß hängt innerhalb von Texten und innerhalb der Methoden, die Texte zu erschließen suchen, alles – um es mit Ruth Cohn, der Begründerin der Themenzentrierten Interaktion, zu sagen – mit allem zusammen. Die Beobachtungen zur Segmentierung stellen zugleich auch Kriterien für die literarkritische Untersuchung eines Textes bereit. Andererseits bieten die literarkritisch erarbeiteten Teiltexte wiederum die Möglichkeit, sie auf synchroner Ebene zu untersuchen, etc. Wenn auch diese Einführung versucht hat, die exegetischen Methoden in eine systematische Abfolge zu bringen, so ist deren systemischer Zusammenhang dabei allezeit mitzubedenken.

3.4 Statt eines Nachworts...

„Das schlimmste aber ist, daß über all dem Mannigfaltigen, was man vom Exegten erfährt, Eines in Gefahr ist, zurückzubleiben: nämlich der Text! Überblickt man einen solchen Kommentar noch einmal, nachdem man ihn durchgearbeitet hat, so kann man sich des Eindrucks nicht erwehren, daß man zwar viele, vielleicht recht wertvolle Einzelheiten darin gefunden, daß man aber trotz diesem allem kein näheres Verhältnis zum Text bekommen hat.“

So geißelt Hermann Gunkel (Reden und Aufsätze, Göttingen 1913, Ss. 11f) die exegetische Zunft seiner Zeit. Sollte dies nach der Lektüre dieser Methodeneinführung ebenfalls Ihr Eindruck oder gar Ihre Arbeitstechnik geworden sein, so hätte dieses Material sein Ziel verfehlt. Das Methodeninstrumentarium bedient zwar Ihren Verstand, um Ihnen den alttestamentlichen Text als historisches Zeugnis kritisch zu erschließen, der Umgang mit dem Text, das meditierende *Be-Herzigen* kann es Ihnen allerdings nicht nahelegen. Vielleicht aber wachsen mit der Schärfung der Augen des Geistes, mit dem Lernen, mehr am Text zu sehen und in ihm zu entdecken, auch die Augen des Herzens.

Anhang

Exegetische Methoden
– ein Vokabularium der Gegensätze–

Systematik/systematisch
Klassifiziert alle Beobachtungsgänge und Ergebnisse, die einer Chronologie verpflichtet sind (Erzähletappen, Handlungsfolgen, etc.), bezeichnet also das Nacheinander, die notwendigen Schritte hintereinander.

Systemik/systemisch
Geht davon aus, daß „alles mit allem zusammenhängt" (Cohn) und bezeichnet insofern das Zueinander und Miteinander verschiedener Daten eines Textes bzw. einer Methodenlehre – unabhängig von ihrem Nacheinander.

Umgebener Text
Bezeichnet innerhalb der Segmentierung bzw. Komposition die Texte, die von anderen Texten umgeben werden.

Umgebender Text
Bezeichnet innerhalb der Segmentierung bzw. Komposition die Texte, die andere Texte umgeben.

Textteile
Klassifiziert die beim Textsurvey oder der Erhebung der Erzähletappen anzusprechenden, bei der Segmentierung gegeneinander abhebbaren Textstücke.

Teiltexte
Klassifiziert jene „Teile" eines Textes oder Textfragments, die als nicht mehr weiter zu analysierende, „bruchlose" (also kohärente) Stücke eines literarkritisch bearbeiteten Textes gegeneinander abzugrenzen sind und in der Redaktionskritik – nach synchronen Kriterien – zu „Textschichten" zusammenzuführen sind.

Analytisch (auch: destruierend)
So sind alle Methodenschritte zu benennen, die bis in alle Einzelheiten hinein Untersuchungen führen und Probleme anzeigen sowie Differenzierungen vornehmen wollen (Segmentierung, Literarkritik). Es geht ihnen um Komplexitätsentfaltung. *[zentrifugal]*

synthetisch (auch: konstruierend)
So sind alle Methodenschritte zu benennen, welche die Einzelbeobachtungen zusammenführen zu umfänglicheren Strukturen. Es geht ihnen um Komplexitätsreduktion (Kompositionskritik, Redaktionskritik) *[zentripetal]*

diachron
Bezeichnung all jener Analyserichtungen, die einen Querschnitt durch das Werden, die „Biographie" eines Textes vorzunehmen versuchen. Es geht ihnen also den Überlieferungs- und Entstehungsprozeß (Literarkritik, Redaktionskritik) *[werktranszendent]*

synchron
Bezeichnung all jener Analyserichtungen, die ein „Oberflächenscanning" des Textes wahrnehmen, nach der Konstruktion des vorliegenden Jetzttextes fragen und nach seinen Erzählbesonderheiten. *[werkimmanent]*

intratextuell
Qualifiziert alle Fragerichtungen und Beobachtungen, die innerhalb des zu analysierenden Textes (und allein da!) bearbeitet werden.

Intertextuell
Qualifiziert alle Fragerichtungen und Beobachtungen, die zwischen dem zu analysierenden Text und anderen Texten bearbeitet werden.

Ausgewählte Literaturhinweise zu den Methoden alttestamentlicher Exegese

(a) Einleitungen in das Alte Testament

- KAISER, O.: Einleitung in das Alte Testament. Eine Einführung in ihre Ergebnisse und Probleme, Gütersloh, 5. Aufl. 1984.
- SCHMIDT, W.H.: Einführung in das Alte Testament, Berlin/New York, 5. Aufl. 1995.
- SMEND, R.: Die Entstehung des Alten Testaments, Stuttgart/Berlin/Köln, 6. Aufl. 1997.
- STAUBLI, TH.: Begleiter durch das Erste Testament, Düsseldorf 1997.
- STEUERNAGEL, C.: Lehrbuch der Einleitung in das Alte Testament, Tübingen 1912.
- ZENGER, E. u.a.: Einleitung in das Alte Testament, Studienbücher Theologie 1,1, Stuttgart/Berlin/Köln, 3. Aufl. 1999.

(b) Einleitungen in die Theologie des Alten Testaments

- GUNNEWEG, A.H.J.: Biblische Theologie des Alten Testaments. Eine Religionsgeschichte Israels in biblisch-theologischer Sicht, Stuttgart 1993.
- PREUSS, H.D.: Theologie des Alten Testaments, Bd.1, Stuttgart 1991; Bd.2, Stuttgart 1992.
- ZIMMERLI, W.: Grundriß der alttestamentlichen Theologie, Stuttgart, 6. Aufl. 1989.

(c) Einführungen in die Methoden alttestamentlicher Exegese

- ADAM, G./KAISER, O./KÜMMEL, W.: Einführung in die exegetischen Methoden, München 1979.
- BERG, H.K.: Ein Wort wie Feuer. Wege lebendiger Bibelauslegung, München 1991.
- EGGER, W.: Methodenlehre zum Neuen Testament. Einführung in linguistische und historisch-kritische Methoden, Freiburg/Basel/Wien 1987.
- FOHRER, G. U.A.: Exegese des Alten Testaments. Einführung in die Methodik, UTB-Taschenbuch 267, Heidelberg/Wiesbaden, 6.Aufl. 1993.

- SCHREINER, J. (Hg): Einführung in die Methoden der Biblischen Exegese, Würzburg 1971.
- STECK, O.H.: Exegese des Alten Testaments. Leitfaden der Methodik. Ein Arbeitsbuch für Proseminare, Seminare und Vorlesungen, Neukirchen-Vluyn, 13.Aufl. 1993.
- STENGER, W.: Biblische Methodenlehre, Leitfaden Theologie Bd.18, Düsseldorf 1987.
- WILCKE, H.: Das Arbeiten mit alttestamentlichen Texten. Eine Einführung in die exegetischen Methoden, Essen, 2. Aufl. 1992.

(d) Methoden und Impulse für die Bibelarbeit

- BERG, S.: Kreative Bibelarbeit in Gruppen, 16 Vorschläge, München 2. Aufl. 1992.
- EMEIS, D.: Bibelarbeit praktisch. Orientierung, Methoden, Impulse, Freiburg 1994.
- HECHT, A.: Zugänge zur Bibel. Methoden für Gruppen, Schnupperkurs, Stuttgart 1993.
- KURZ, H.: Entdeckungen in der Bibel. Tips, Informationen, Methoden, München 1988.
- SCHILLING, K.: Wege ganzheitlicher Bibelarbeit, Stuttgart 1992.

(e) Allgemeine Nachschlagewerke

- GÖRG, M./LANG, B.: Neues Bibel-Lexikon, Zürich 1991ff (bisher Bd. 1 u. 2. erschienen).
- HAAG, H.: Bibel-Lexikon, Einsiedeln/Zürich/Köln 1951.
- KRAUSE, G./MÜLLER, G.: Theologische Realenzyklopädie, Berlin/New York 1977ff.
- MERTENS, H.A.: Handbuch der Bibelkunde. Literarische, historische, archäologische, religionsgeschichtliche, kulturkundliche, geographische Aspekte des Alten und Neuen Testaments, Düsseldorf, 2. Aufl. 1989 (Sonderausgabe 1997).
- REIKE, B./ROST, L.: Biblisch-Historisches Handwörterbuch, Göttingen 1962ff.
- VAN DER TOORN, K./BECKING, B./VAN DER HORST, P.W.: Dictionary of Deities and Demons in the Bible, Leiden/New York/Köln 1995.

(f) Exegetische Methoden, alttestamentliche Literaturwissenschaft, Beispielexegesen

- BALDERMANN, I.: Der leidenschaftliche Gott und die Leidenschaftslosigkeit der Exegese. Anfragen zu einem exegetischen Defizit, Jahrbuch für Biblische Theologie 2 (1987) 137-150.
- BITTNER, W./FÜSSEL, K./GALLAY, R. U.A.: Gemeinsame Leitlinien zum verschiedenen Umgang mit der einen Bibel in der einen Kirche, Bibel und Kirche 49 (1994) 214-215.
- CRÜSEMANN, F./EBACH, J./POTTER, PH./SCHROTTHOFF, L./SÖLLE, D./STÖHR, M.: Auf Israel hören. Sozialgeschichtliche Bibelauslegung, Luzern 1992.
- DIEBNER, B. J./ROGERSON, J.W.: Art. Bibelwissenschaft I/2. Geschichte und Methoden, Theologische Realenzyklopädie 6 (1980) 346-374.
- DIEBNER, B.J.: Das Ende welcher „historisch-kritischen Methode"? Einige Überlegungen im Blick auf angemessene Interpretation der antikjüdischen (hebräischen) Bibel als Religionsurkunde der Vergangenheit, Dielheimer Blätter 22 (1985) 9-35.
- DOHMEN, CH.: Es geht ums Ganze. Aktuelle Tendenzen in der alttestamentlichen Wissenschaft, Herder Korrespondenz 46 (1992) 81-87.
- DOHMEN, CH.: Vom vielfachen Schriftsinn - Möglichkeiten und Grenzen neuerer Zugänge zu biblischen Texten, Sternberg, Th. (Hg): Neue Formen der Schriftauslegung?, Quaestiones Disputatae 140, Freiburg 1992, 13-74.
- FABRY, H./KERTELGE, K./KLAUCK, H. J./PESCH, O./SCHNELLE, U.: Bibel und Bibelauslegung. Das immer neue Bemühen um die Botschaft Gottes, Regensburg 1993.
- FOHRER, G.: Methoden und Moden in der alttestamentlichen Wissenschaft, Zeitschrift für alttestamentliche Wissenschaft Supplement 100 (1988) 243-254.
- FRANKEMÖLLE, H.: Die Bibel: Das bekannte Buch - das fremde Buch, Paderborn 1994.
- FROER, K.: Biblische Hermeneutik. Zur Schriftauslegung in Predigt und Unterricht, München 1967.
- FUCHS, O.: Funktion und Prozedur herkömmlicher und neuerer Methoden in der Textauslegung, Biblische Notizen 10 (1979) 48-69.
- GERSTENBERGER, E.: Der Realitätsbezug alttestamentlicher Exegese, Zeichen der Zeit 42 (1988) 144-148.
- GNILKA, J.: Die Wirkungsgeschichte als Zugang zum Verständnis der Bibel, Münchner Theologische Zeitschrift 40 (1989) 51-62.

- GUNKEL, H.: Ziele und Methoden der Erklärung des Alten Testaments, Ders.: Reden und Aufsätze, Göttingen 1913, 11-29.
- HAUFE, G.: Exegese als Provokation, Zeichen der Zeit 25 (1971) 258-264.
- KIESOW, K.: Der Dienst der Exegese zwischen naiver Bibellektüre und toter Gelehrsamkeit, in: Wort und Antwort 27 (1986) 129-132.
- KOCH, K.: Was ist Formgeschichte? Methoden der Bibelexegese, Neukirchen-Vluyn, 5. Aufl. 1989.
- KÖRTNER, U.: Der inspirierte Leser. Zentrale Aspekte biblischer Hermeneutik, Göttingen 1994.
- KRAUS, H.J.: Geschichte der historisch-kritischen Erforschung des Alten Testaments, Neukirchen-Vluyn, 4. Aufl. 1988.
- KRUZ, H.: Mehrdimensionale Schriftauslegung. Ein Überblick für Religionslehrer, Katechetische Blätter 111 (1986) 576-590.
- LANG, H./DORMEYER, D.: Linguistische Bibelauslegung, Langer, W. (Hg): Handbuch der Bibelarbeit, München 1987, 134-142.
- LUBSCYK, H.: Die Seele der Theologie. Erfahrungen mit der historisch-kritischen Methode, Ders.: Die Einheit der Schrift. Gesammelte Aufsätze, Leipzig 1989.
- LUZ, U.: Wirkungsgeschichtliche Exegese, Berliner Theologische Zeitschrift 2 (1985) H.1, 18-32.
- MERKLEIN, H.: Integrative Bibelauslegung? Methodische und hermeneutische Aspekte, Bibel und Kirche 44 (1989) 117-123.
- MEURER, TH.: „Das Netz zerbrach, der Vogel ist frei…“ – Ps 124, Dienender Glaube 70 (1994) H.9, 248-251.
- MEURER, TH.: Die Methode des Fehllesens. Harold Bloom, Richard Rorty und die Exegese, Orientierung 60 (1999).
- MÜLLER, K.: Artikel Exegese/Bibelwissenschaft, Eicher, P. (Hg): Neues Handbuch theologischer Grundbegriffe I, München 1984, 332-353.
- MÜLLER, K.: Die religionsgeschichtliche Methode. Erwägungen zu ihrem Verständnis und zur Praxis ihrer Vollzüge an neutestamentlichen Texten, Biblische Zeitschrift NF 29 (1985) 161-192.
- MÜLLER, P.G.: Lexikon exegetischer Fachbegriffe, Stuttgart 1985.
- PÄPSTLICHE BIBELKOMMISION: Die Interpretation der Bibel in der Kirche, Verlautbarungen des Apostolischen Stuhls 115, Bonn 1993.
- RÄISÄNEN, H.: Die Wirkungsgeschichte der Bibel. Eine Herausforderung für die exegetische Forschung, Evangelische Theologie 52 (1992) H.4, 337-347.

- RENDTORFF, R.: Between Historical Critcism and Holistic Interpretation. New Trends in Old Testament Exegesis, Vetus Testamentum Supplement 40 (1988) 298-303.
- RICHTER, W.: Exegese als Literaturwissenschaft, Entwurf einer alttestamentlichen Literaturtheorie und Methodologie, Göttingen 1971.
- RIEDLINGER, H.: Die historisch-kritische Methode und die heutige Suche nach einem lebendigen Verständnis der Bibel, Schriften der Katholischen Akademie Freiburg, Freiburg 1985.
- RITT, H.: Gegen die verkopften Methoden der Bibelwissenschaft?, Bibel und Liturgie 61 (1988) 210-216.
- RUPPERT, L.: Die historisch-kritische Methode der Bibelexegese im deutschen Sprachraum. Vorgeschichte, gegenwärtige Entwicklungen, Tendenzen, Neuaufbrüche, Ders.: Studien zur Literaturgeschichte des Alten Testaments, Stuttgart 1994, 266-307.
- RUPPERT, L.: Neue Impulse aus Rom - Zum neuesten Dokument der Päpstlichen Bibelkommision, Bibel und Kirche 49 (1994) 202-213.
- SCHARFENBERG, J.: Symboldidaktik - ein neuer Weg zum alten Evangelium?, Theologische Zeitschrift Basel 43 (1987) 166-174.
- SCHELBERT, G.: Diffamierung der historisch-kritischen Methode, Greinacher, N./Küng, H. (Hgg): Katholische Kirche - wohin?, München 1986, 141-161.
- SCHELLONG, D.: Eine Bibel - viele Zugänge, Evangelische Theologie 54 (1994) H.6, 536-544.
- SCHENKE, L.: Erwägungen über die theologische Aufgabe der historisch-kritischen Exegese, Degenhardt, J.J. (Hg): Die Freude an Gott - unsere Kraft. FS O.B. Knoch, Stuttgart 1991, 228-238.
- SCHROEDEL, J.H.: Text, Leser und Methode. Zu Grund- und Arbeitsfragen der Schriftauslegung, Bibel und Kirche 41 (1986) H.3, 125-135.
- SCHÜRMANN, H./WANKE, J.: Die exegetische Seminararbeit, Leipzig, 6. Aufl. 1976.
- SCHWANITZ, D.: Systemtheorie und Literatur. Ein neues Pardigma, Opladen 1990.
- SCHWANITZ, D.: Literaturwissenschaft für Anglisten. Das studienbegleitende Handbuch, Ismaning 1985.
- SCHWEIZER, H.: Biblische Texte verstehen. Arbeitsbuch zur Hermeneutik und Methodik der Bibelinterpretation, Stuttgart 1986.
- SCHWEIZER, H.: Wovon reden die Exegeten? Zum Verständnis der Exegese als verstehender und deskriptiver Wissenschaft, Theologische Quartalschrift 164 (1984) 161-183.

- UNTERGAßMAIR, F.G.: Bibelwissenschaft. Stand und Gegenwartsprobleme der biblischen Wissenschaft angesichts moderner Bestreitungen der historisch-kritischen Exegese und des wachsenden Fundentalismus inner- und außerhalb der Kirchen, Bibel und Liturgie 3 (1996) 139-143.
- ZENGER, E.: Ein Beispiel exegetischer Methoden aus dem Alten Testament, Schreiner, J. (Hg): Einführung in die Methoden der Biblischen Exegese, Würzburg 1971, 97-148.
- ZENGER, E.: Von der Unverzichtbarkeit der historisch-kritischen Exegese. Am Beispiel des 46. Psalms, Bibel und Liturgie 62 (1989) 10-20.

einerseits das verzweifelte Ringen Przywaras um eine lebbare Einheit in einer auseinanderberstenden Moderne und andererseits den Widerstand gegen jede Vereinnahmung Gottes vom Menschen her bezeichnet: analogia entis als Einweisung in die negative Theologie.
"In einer Zeit, in der – wie zum Beispiel im französischen und deutschen Sprachraum – die Negative Theologie und ihre Traditionen neue Aufmerksamkeit gewinnen, ist eine Arbeit über Erich Przywara, die ihn als einen der Höhepunkte dieser Tradition liest ("Gottes-Nacht"), von eminenter Bedeutung." (J. B. Metz)
Bd. 4, 1998, 344 S., 78,80 DM, gb., ISBN 3-8258-3105-1

Gabriele Grunden
Fremde Freiheit
Jüdische Stimmen als Herausforderung an den Logos christlicher Theologie
Die Verurteilung des Antijudaismus gehört mittlerweile zum guten Ton christlicher Theologie. Doch damit ist noch lange nicht ein christliches Selbstverständnis erreicht, das von antijüdischen Zügen frei wäre. Die vorliegende Studie geht hier einen wichtigen Schritt weiter: Sie faßt nicht nur den aktuellen Stand jüdischer Jesusforschung zusammen, sondern erhellt auch das theologische und religiöse Selbstverständnis maßgeblicher jüdischer Philosophen der Gegenwart (Cohen, Rosenzweig, Lévinas). So werden Konturen einer "Exilshermeneutik" sichtbar, die je aktuell die angemessene Treue zur Tradition sucht. Sie belegen, daß christliche Behauptungen einer notwendigen Überbietung des Judentums der Grundlage entbehren: Stattdessen stellt die Autorin die Strukturanalogie zwischen der Bindung an die Thora und dem Bekenntnis zu Christus heraus. Bei der Bewährung dieser These in Auseinandersetzung mit heutigen Ansätzen christlicher Theologie (Metz, Pröpper) weiß sich die Autorin dem Auftrag Adornos verpflichtet, "den besseren Zustand zu denken, in dem man ohne Angst verschieden sein kann".
Bd. 5, 1996, 276 S., 58,80 DM, gb., ISBN 3-8258-2572-8

Ottmar John
"... und dieser Feind hat zu siegen nicht aufgehört" (W. Benjamin)
Die Bedeutung Walter Benjamins für eine Theologie nach Auschwitz
Bd. 6, 1999, 480 S., 58,80 DM, br., ISBN 3-8258-2705-4

Hans-Gerd Janßen
Dem Leiden widerstehen
Aufsätze zur Grundlage einer praktischen Theodizee
Die Theodizeefrage, also die Frage nach der Wirklichkeit Gottes angesichts der Erfahrung abgrundtiefen Leidens, ist zur Kernfrage einer heute möglichen Rede von Gott, von Erlösung und Heil geworden. Die unterschiedlichen Antwortversuche – von den klassischen Theodizeesystemen bis hin zur Theologie des "leidenden Gottes" – überzeugen nicht. Auf diese Unmöglichkeit einer theoretisch formulierbaren Antwort reflektiert die "praktische Theodizee". Sie fragt danach, wie Menschen in ihrem Handeln den Herausforderungen dieser Frage, also den Herausforderungen durch Gott und durch das Leiden, standhalten können – ohne den Aporien in purem Aktionismus auszuweichen. Die Theorie solcher Praxis weiß um die Grenzen menschlichen Handelns, das gleichwohl der Ort ist, von dem her eine mögliche Rede von Gott angesichts des Leidens sich begründen läßt.
Bd. 7, 1996, 112 S., 24,80 DM, br., ISBN 3-8258-3012-8

Dieter Henrich; Johann Baptist Metz;
Bernd Jochen Hilberath;
R. J. Zwi Werblowsky
Die Gottrede von Juden und Christen unter den Herausforderungen der säkularen Welt
Symposion des Gesprächskreises "Juden und Christen" beim Zentralkomitee der deutschen Katholiken am 22./23. November 1995 in der Katholischen Akademie Berlin
Angesichts der konfliktträchtigen Auslegungsgeschichte der gemeinsamen Hebräischen Bibel durch Juden und Christen, die noch ihre Wirkung im Nachhall des säkular-nationalistischen Judenhasses gefunden hat, standen beim Berliner Symposion vor allem folgende Fragen im Raum: Lesen Juden und Christen wirklich dieselbe Bibel? Gestattet das Verbot, sich von Gott – aber auch vom Menschen und vom Sinn der Geschichte – ein Bild zu machen, überhaupt eine theologisch-philosophische Rede über Gott? Aber wie ist ohne sie im Ernst eine Rede zu Gott, im persönlichen Gebet wie in der Liturgie verantwortbar? Verstärken nicht zusätzlich der wissenschaftliche Diskurs seit der Aufklärung sowie die Konfrontation mit den Weltreligionen die Notwendigkeit einer intellektuell redlichen Vergewisserung, was Gottrede in Wahrheit meine? Wie ist mit dem Paradox umzu-

gehen, daß Juden und Christen so wenig darüber sagen können, wer Gott ist, wohl aber so klar und eindeutig, was sein Wille sei: das unabdingbare Gebot der Liebe? Von welchen existentiellen Erfahrungen in den Tiefenschichten des säkularen Menschen und unserer gottvergessenen Zeit kann die Gottrede so ihren Ausgang nehmen, daß sie über den "Zirkel der Eingeweihten" hinaus verstehbar und wirksam wird?

Bd. 8, 1997, 104 S., 24,80 DM, br., ISBN 3-8258-3192-2

Ulrich Engel

Umgrenzte Leere

Zur Praxis einer politisch-theologischen Ästhetik im Anschluß an Peter Weiss' Romantrilogie "Die Ästhetik des Widerstands"

In kritische Auseinandersetzung mit Hans Urs von Balthasar und gestützt durch eine Relecture der einschlägigen philosophischen Theoriekonstrukte Walter Benjamins und Theodor W. Adornos optiert die Untersuchung zu Peter Weiss' Romantrilogie "Die Ästhetik des Widerstands" eindringlich für eine praktisch verfaßte Ästhetikfigur, die in ihrem Kern als negative Theorie zu denken ist. Vor diesem Hintergrund entfaltet die vorliegende Studie eine Ansatz theologischer Ästhetik als eine materialistisch fundierte Theorie widerständig-hoffenden Handelns. Als Wahrnehmungslehre schärft sie den Blick für die Katastrophen der Geschichte und die unabgegoltenen Leiden der Opfer, zugleich aber auch für das messianische Kommen des abwesenden Gottes. Beharrlich weigert sie sich, das eschatologisch noch Ausstehende vorschnell zu affirmieren: In ihrer ästhetischen wie auch in ihrer theologischen Gestalt ist sie "umgrenzte Leere".

Bd. 9, 1998, 472 S., 79,80 DM, gb., ISBN 3-8258-3444-1

Reinhold Boschki; Dagmar Mensink (Hrsg.)

Kultur allein ist nicht genug

Das Werk von Elie Wiesel – Herausforderung für Religion und Gesellschaft

"Wir müssen uns darüber im klaren sein, daß es möglich ist, eine Kultur ... in ein Instrument der Unmenschlichkeit zu verwandeln. Deshalb bin ich überzeugt: Kultur allein ist nicht genug." sagt Elie Wiesel – Auschwitz-Überlebender, jüdischer Schriftsteller und Friedensnobelpreisträger. Er weiß, daß nur gelebte Mitmenschlichkeit den Ausbruch von Haß und Menschenverachtung inmitten einer modernen Gesellschaft verhindern kann. Es setzt dabei auf die verändernde Kraft des Erzählens. Sein Buch *Nacht* und seine Erzählungen und Romane aus der Welt der Bibel, des Talmud und des Schtetl sind durchdrungen von bohrenden Fragen: Was ist der Mensch, daß er tötet um des Tötens willen? Wo war Gott in Auschwitz? Dieses Buch lotet die Bedeutung von Wiesels Zeugnis für Wissenschaft, Religion und gesellschaftliche Praxis aus. Unter den Beiträgen von SchülerInnen und Freunden sind erstmals auch maßgebliche amerikanische Stimmen in deutscher Sprache zugänglich. Ein Vortrag von Elie Wiesel und eine ausführliche Bibliographie ergänzen die kenntnisreichen Studien zum Werk des Autors, der am 30. September 1998 siebzig Jahre alt wurde. Mit Beiträgen von: Irving Abrahamson, Alan L. Berger, Joel Berger, Ruth Bergida, Reinhold Boschki, Gundula van den Berg, Micha Brumlik, Harry James Cargas, Alice L. Eckardt, A. Roy Eckardt, Anat Feinberg, Albert H. Friedlander, Martha Hauptman, Joseph A. Kanofsky, Volkhard Knigge, Karl-Josef Kuschel, Lawrence L. Langer, Verena Lenzen, Dagmar Mensink, Johann Baptist Metz, Christoph Münz, Nehemia Polen, Rolf Rendtorff, John K. Roth, Alan Rosen, Janet Schenk McCord, Werner Schneider, Dorothee Sölle, Jean-François Thomas und Elie Wiesel.

Bd. 10, 1998, 432 S., 69,80 DM, br., ISBN 3-8258-3576-6

Johann Reikerstorfer (Hrsg.)

Vom Wagnis der Nichtidentität

Johann Baptist Metz zu Ehren

Die Autoren dieser "Festgabe" möchten J. B. Metz anläßlich seines 70. Geburtstags ein Stück seiner Geschichte, die sich vor allem mit Wien, dem philosophischen Institut der Universität und dem Institut für Fundamentaltheologie verbindet, in Erinnerung rufen und als eine produktive Begegnung dokumentieren. Als Leitmotiv dient ihnen die Interpretation der neuen Politischen Theologie als "negative Theologie", um sie unter dieser Hinsicht im heutigen theologischen Grundlagendiskurs als Angebot für eine kommunikative Gottesrede zu erfragen, die sich der "Nichtidentität" aussetzt und verpflichtet weiß. J.Reikerstorfer zeigt, daß in der denkgeschichtlichen Entwicklung dieses Konzepts die kritisch-produktive Kraft der Negativität zuletzt mit der Frage nach der "Zeit", ihrer Eigenart und dem darin gelegenen Sinn von "Alterität" ihre volle Schärfe gewinnt und entfaltet. In Auseinandersetzung mit dem Karsamstagsmotiv bei H. U. v. Balthasar und E. Przywara erörtert M. Zechmeister die Metzsche "Leidenserinnerung" als Basis für eine "Theologie des Gottvermissens". Die Universalität dieser Gottesrede sucht P. Zeillinger gegenüber der Kritik an universalistischen Ansprüchen über die "schwachen Kategorien" der Erinnerung und der Anerkennung der Anderen in ihrem Anderssein zu entwickeln, während B. Taubald den Einbruch des Nichtidentischen in die neue Politische Theologie im Spiegel ihres Erinnerungsbegriffs aufspürt und die Erinnerung selbst in ihrer Intention als leidempfindliche Vergegenwärtigung des "Unsagbaren" interpretiert. Schließlich bringt W. Klaghofer literarische Motive bei F. Werfel in eine Nähe zu J. B. Metz, indem er die messianische Hoffnung auf das Ende der Zeiten als Widerstand gegen das menschliche Unrecht politischer Gewalt- und Unterdrückungsgeschichten ins Blickfeld rückt.

Bd. 11, 1998, 184 S., 34,80 DM, br., ISBN 3-8258-3767-x

Jürgen Manemann;
Johann Baptist Metz (Hrsg.)

Christologie nach Auschwitz

Stellungnahmen im Anschluß an Thesen von Tiemo Rainer Peters

Der vorliegende Band präsentiert zehn Thesen zur "Christologie nach Auschwitz" von *Tiemo Rainer Peters* und versammelt dazu Stellungnahmen, zustimmende, weiterführende, kritisch rückfragende Kurzkommentare. Beteiligt sind Schüler und Freunde, Sympathisanten und auch kritische Begleiter einer Politischen Theologie, für die die Katastrophe von Auschwitz zur inneren Situation der christlichen Gottesrede gehört, so daß ihr Rückzug auf eine situationsblinde Heilsmetaphysik oder auf einen menschenleeren Geschichtsidealismus angesichts dieser Katastrophe verwehrt ist.
Beiträger sind:
Reinhold Boschki, Friedrich-Wilhelm Marquardt, Edna Brocke, Reyes Mate, Ulrich Engel, Johann Baptist Metz, Paulus Engelhardt, Jürgen Moltmann, Hans-Gerd Janßen, Otto Hermann Pesch, Ottmar John, Birte Petersen, Maureen Junker-Kenny, Thomas Pröpper, Bertil Langenohl, Johann Reikerstorfer, Jürgen Manemann, Jürgen Werbick.

Bd. 12, 1998, 176 S., 29,90 DM, br., ISBN 3-8258-3979-6

Karl Rahner Akademie (Hrsg.)

Geschichte denken

Mit Beiträgen von H. M. Baumgartner, K. Flasch, J. Maier, J. B. Metz, A. Schmidt, H. Schnädelbach und H. Schweppenhäuser

Das Nachdenken über Geschichte hat mit der Publikation von Francis Fukuyama "Das Ende der Geschichte" kein Ende gefunden, wohl eher einen neuen Impuls bekommen. Zweifellos: Philosophie, die beansprucht, einen objektiven Sinn der Geschichte aufzeigen zu können, ist nicht ohne Grund in Verruf geraten. Aber sollte man deshalb gleich für den "Abschied von der Geschichtsphilosophie"(O. Marquard) plädieren? Wer sich in der Wirklichkeit, so wie sie geworden ist, nicht bloß einrichten will, der wird auf geschichtsphilosophische Erkenntnis nicht verzichten wollen, der wird auch nach dem propagierten "Ende der Geschichte" weiterhin "Geschichte denken".

Bd. 13, 1999, 128 S., 29,80 DM, br., ISBN 3-8258-4176-6

Johann Reikerstorfer (Hrsg.)

Zum gesellschaftlichen Schicksal der Theologie

Ein Wiener Symposium zu Ehren von Johann Baptist Metz (November 1998). Mit Beiträgen von E. Jüngel, J. B. Metz u. a.

Tiefgreifende Wandlungen im gesellschaftlichen Bewußtsein sind mittlerweile auch zu neuen Herausforderungen der theologischen Fakultäten geworden. Die religiös pluralistische Situation, die schwindende Akzeptanz unserer Kirchen mit ihren Konkordaten, der wachsende Integrationsprozeß der europäischen Länder, die keine Universitätstheologie nach deutschsprachigem Modell kennen, nicht zuletzt aber auch Entwicklungen im modernen Wissenschaftsverständnis machen grundsätzlich Überlegungen zum Status des universitären Theologiebetriebs unausweichlich.
Der vorliegende Band dokumentiert ein "Wiener Symposion zum gesellschaftlichen Schicksal der Theologie", das die Katholisch-Theologische Fakultät der Universität Wien anläßlich des 70. Geburtstags von Johann Baptist Metz am 27./28. November 1998 veranstaltete. Der offene interdisziplinäre Disput vereint ein breites Spektrum an Perspektiven und Kompetenzen und versucht Chancen und Verpflichtungen in der modernen Wissenschaftswelt im Blick auf eine gesellschaftlich angefragte und herausgeforderte Theologie zu erkunden. Leitende Gesichtspunkte des Kolloquiums stammen aus den Bereichen der Gesellschafts- und Universitätspolitik, des Staatskirchenrechts, sowie der Philosophie und der systematischen Theologie. Hierfür schärfte die Politische Theologie von J. B. Metz nicht nur die Aufmerksamkeit für entsprechende Problemstellungen, sie war im Rahmen des Symposions auch vielfach "Motor" und immer wieder gesuchter

"Ansprechpartner" in den Beiträgen und Stellungnahmen.
Mit Beiträgen von H. J. Vogel u. E. Busek (Politik), L. Nagel (Philosophie), E. Jüngel u. U. Körtner (ev. Theologie), P. M. Zulehner u. J. Reikerstorfer (kath. Theologie), R. Potz (Staatskirchenrecht), G. Luf (Rechtsphilosophie) und Weihbischof H. Krätzl, sowie Auszügen aus der Diskussion mit J. B. Metz.
Bd. 14, 1999, 176 S., 39,80 DM, br., ISBN 3-8258-4175-8

Stefan Dückers
Pathos der Distanz
Zur theologischen Physiognomie und geistesgeschichtlichen Stellung Erik Petersons
Bd. 15, 1999, 288 S., 49,80 DM, br., ISBN 3-8258-4382-3

Jahrbuch Politische Theologie

herausgegeben von Gabriele Grunden, Torsten Habbel, Hans-Gerd Janßen, Ottmar John, Jürgen Manemann, Michael J. Rainer und José A. Zamora

Jürgen Manemann (Hrsg.)
Demokratiefähigkeit
Mit Statements von E. W. Böckenförde, E. Brocke, F. Duve, P. Hintze, W. Kretschmann, J. Moltmann, D. Sölle und Beiträgen von T. R. Peters, J. B. Metz, O. John, M. J. Rainer, W. Oelmüller, J. Manemann u. a.
Den vorliegenden Band I "Demokratiefähigkeit" eröffnen Statements zur Frage "Was heißt eigentlich politisch?" Beteiligt sind der Verfassungsrichter *Ernst-Wolfgang Böckenförde*, die Politiker *Peter Hintze* (CDU), *Freimut Duve* (SPD) und *Winfried Kretschmann* (Bündnis 90/Die Grünen) sowie mit theologischer Perspektive *Jürgen Moltmann*, *Dorothee Sölle* und *Edna Brocke*.
Beiträge von *Tiemo R. Peters, Johann Baptist Metz, Ottmar John, Michael J. Rainer, Willi Oelmüller, Jürgen Manemann, Edmund Arens, Kuno Füssel* und *Michael Ramminger* vertiefen den grundlegenden Zusammenhang zwischen Monotheismus, Theodizee und moderner demokratischer Gesellschaft. *Debatte* – diesmal um die "Politik der Anerkennung der Anderen" (mit Thesen von Günter P. Suess und Kommentaren von Walter Lesch, Matthias Möhring-Hesse und Peter Rottländer), *Rezensionen* (zur aktuellen C. Schmitt-Diskussion) und Portraits einschlägiger *Institute/Projekte* (Fritz Bauer Institut, Frankfurt a. M.; Institut für Theologie und Politik, Münster) zeigen weitere Dimensionen politisch-theologischer Arbeit.
Bd. 1/1996, 1996, 240 S., 34,80 DM, br., ISBN 3-8258-2227-3

Michael J. Rainer; Hans-Gerd Janßen (Hrsg.)
Bilderverbot
Das Jahrbuch Politische Theologie Band II stellt mit "Bilderverbot" ein ungewöhnliches, aber theologisch zentrales Thema in den Mittelpunkt. Im Blick auf häufig undurchschaute Querverbindungen z. B. in Kunst und Medien, verweist das Jahrbuch auf neue und alte "unsichtbare Mächte".
Es untersucht fragwürdige Profile politischer Ästhetik und kritisiert mitunter verdeckte Ansprüche auf universale Gültigkeit seitens bildloser Machtsysteme. Die ursprünglich in den Religionen gestellte Problem der "Abbildbarkeit des Unvorstellbaren" gewinnt über die aktuelle Denkmaldebatte neue Brisanz.
Bd. 2/1997, 1997, 344 S., 39,80 DM, br., ISBN 3-8258-2795-x

Jürgen Manemann (Hrsg.)
Befristete Zeit
In Band 3 wird der Zeitindex der Theologie diskursorisch herausgearbeitet: "Wer christlich zu denken glaubt und dies ohne Frist zu denken glaubt, ist schwachsinnig." (J. Taubes). Zeit als Frist denken – das ist der Theologie aufgegeben. Eine apokalyptisch angeschärfte Gottesrede verweigert sich der bloßen Faktizität, indem sie ihren Herrschaftscharakter zu enthüllen und einen Horizont aufzubrechen versucht, von dem aus Geschichte in ihrer Herrschafts- und Unterwerfungsstruktur entlarvt und in ihrer subjekthaft erfahrenen Leidens- und Hoffnungsstruktur erkennbar wird. Ein solcher Entwurf provoziert eine kontroverse Diskussion im Zeitalter der Beschleunigungen und der Zeitvergessenheit. Zu dieser Diskussion im Konzert mit anderen Disziplinen (Soziologie, Philosophie, Politologie, Ästhetik u. a.) herauszufordern, ist die Aufgabe des 3. Bandes.
Bd. 3, 1999, 240 S., 39,80 DM, br., ISBN 3-8258-3957-5

Jürgen Manemann (Hrsg.)
Metaphysik
Bd. 4, Frühjahr
2000, 280 S., 39,80 DM, br., ISBN 3-8258-4426-9

LIT Verlag Münster – Hamburg – London
Bestellungen über:
Grevener Str. 179 48159 Münster
Tel.: 0251 – 23 50 91 – Fax: 0251 – 23 19 72
e-Mail: lit@lit-verlag.de – http://www.lit-verlag.de
Preise: unverbindliche Preisempfehlung